高效英语课堂的构建及策略研究

高 婷 ◎ 著

哈尔滨出版社
HARBIN PUBLISHING HOUSE

图书在版编目（CIP）数据

高效英语课堂的构建及策略研究 / 高婷著. -- 哈尔滨 : 哈尔滨出版社, 2023.1
ISBN 978-7-5484-6914-8

Ⅰ.①高… Ⅱ.①高… Ⅲ.①英语课—课堂教学—教学研究—高中 Ⅳ.①G633.412

中国版本图书馆CIP数据核字(2022)第216623号

名：高效英语课堂的构建及策略研究

GAOXIAO YINGYU KETANG DE GOUJIAN JI CELÜE YANJIU

         高 婷 著
责任编辑：韩金华
封面设计：文 亮

出版发行：哈尔滨出版社（Harbin Publishing House）
社　　址：哈尔滨市香坊区泰山路82-9号　　邮编：150090
经　　销：全国新华书店
印　　刷：北京宝莲鸿图科技有限公司
网　　址：www.hrbcbs.com
E - mail：hrbcbs@yeah.net
编辑版权热线：（0451）87900271　87900272

开　本：787mm×1092mm　1/16　印张：9.75　字数：220千字
版　次：2023年1月第1版
印　次：2023年1月第1次印刷
书　号：ISBN 978-7-5484-6914-8
定　价：68.00元

凡购本社图书发现印装错误，请与本社印制部联系调换。
服务热线：（0451）87900279

前　言

　　新课标背景下，学生是课堂学习的主体，学生只有全身心地参与课堂学习活动，才会学习到更多的语言知识点及表达技巧，才会形成一定的语言能力。而且语言学科的实践性非常强，学生即便是学习了拼读规则，掌握了相应的语法结构，假如不能展开有效的听、说、读、写练习，那么他们的学习效率也会大打折扣。因此高中英语教师要多措并举，提升学生的学习效率及课堂教学效率。

　　英语学科涉及的知识点非常多，既有词汇、句子，又有语法、段落，而且学生还需要展开相应的听力练习，阅读拓展及写作练习。如果学生在课前一丁点都不了解将要学习的知识内容，那么学生在课堂上的表现就会非常被动。凡事预则立，因此教师不妨在课前设计与教学内容相关的导学案，让学生在课前展开词汇的拼读与记忆，重点语句、对话及短文的朗读预习，从而让学生以饱满的精神状态参与课堂学习活动中。

　　课堂上，教师要检查学生的课前预习情况，如让学生朗读词汇，朗读课文内容，让学生回答与词汇相关的问题，让学生运用某个词汇造句等。如果教师发现有学生的课前预习效果非常好，那么教师可以引导其分享相应的预习方法，并号召其他学生向其学习。如果教师发现，大部分学生都对某一重点知识的理解存在问题，那么教师就要把其作为重点内容来阐述，从而全面提升课堂教学的有效性。

　　总而言之，高效课堂的创建需要师生的共同努力，离开了任何一方的积极参与，课堂教学的有效性都会大打折扣。因此高中英语教师要选择合适的教学方法，运用情境教学、小组合作等方式来提升教师教的效率和学生学的效率，从而创建以生为本的高效课堂。

　　为了提升本书的学术性与严谨性，在撰写过程中，笔者参阅了大量的文献资料，引用了诸多专家学者的研究成果，因篇幅有限，不能一一列举，在此一并表示最诚挚的感谢。由于时间仓促，加之笔者水平有限，在撰写过程中难免出现不足的地方，希望各位读者不吝赐教，提出宝贵的意见，以便笔者在今后的学习中加以改进。

目 录

第一章　高中英语教学概述 …………………………………………………… 1
　　第一节　英语教学的结构 ………………………………………………… 1
　　第二节　英语教学的特点和要求 ………………………………………… 6
　　第三节　英语课堂类型 …………………………………………………… 12
　　第四节　英语教学的构成要素 …………………………………………… 16
　　第五节　英语课堂教学评估策略 ………………………………………… 19
　　第六节　英语学科基本能力结构 ………………………………………… 23
　　第七节　英语学科基本知识结构 ………………………………………… 30

第二章　高中英语高效课堂教学模式 ………………………………………… 46
　　第一节　英语学科课堂教学主要模式 …………………………………… 46
　　第二节　英语课堂教学模式应用举例 …………………………………… 59

第三章　高中英语高效课堂构建方法 ………………………………………… 74
　　第一节　备课 ……………………………………………………………… 74
　　第二节　课堂导入 ………………………………………………………… 76
　　第三节　说课 ……………………………………………………………… 78
　　第四节　听课率 …………………………………………………………… 82
　　第五节　提问 ……………………………………………………………… 84
　　第六节　板书设计 ………………………………………………………… 86
　　第七节　课堂组织与调控 ………………………………………………… 89

第四章　高中英语高效课堂构建的内容 ……………………………………… 95
　　第一节　高中英语阅读教学 ……………………………………………… 95
　　第二节　高中英语写作教学 ……………………………………………… 100

· 1 ·

第三节　高中英语词汇教学 ·· 103

   第四节　高中英语听说教学 ·· 111

   第五节　高中英语语法教学 ·· 122

第五章　高中英语高效课堂构建策略 ·· 130

   第一节　高中英语语块教学策略 ·· 130

   第二节　高中英语构词法教学策略 ··· 132

   第三节　高中英语教学有效学习策略 ·· 135

   第四节　高中英语微课教学策略 ·· 137

   第五节　高中英语情感教学策略 ·· 140

   第六节　高中英语情境教学策略 ·· 142

   第七节　高中英语任务型教学策略 ··· 145

参考文献 ·· 148

第一章 高中英语教学概述

第一节 英语教学的结构

一般来说，完整的英语教学由四个环节构成：组织英语教学、检查和复习上次课的内容、讲授新材料与布置课外作业。下面对这四个构成环节进行详细阐述。

一、组织英语教学

组织教学是构成英语教学的第一个环节。这个环节主要是为了保持安定的课堂秩序，以便于学生的注意力集中，这样才能使他们排除干扰，安静地、用心地学习，提高其学习效率，也使教学能够顺利进行。在各级学校的课堂教学里，组织教学的工作都显得非常重要，英语教学也不例外。需要特别注意的是低年级学生，他们年纪小，爱说、爱动，自我控制的能力低，注意力容易分散，这时组织教学工作显得尤其重要。

（一）组织英语教学的原则与步骤

1.组织英语教学的原则

教学组织包括的内容有：教师角色的选择、指令的给予、活动的组织方式、如何对待精力不集中或无组织纪律性的学生、大班上课的组织方式、对教学步骤的控制方式等。每个教师都必须掌握这些问题的处理方式。下面介绍几个主要的组织英语教学的原则：

（1）交代指令适当。在英语教学中，指令是对学生活动的指导。指令并不是可以随便发布的，它须简短、清楚，适当配以演示。而且在交代指令前，教师应保证学生都已将注意力集中到教师的身上，这样才能保证指令发布的有效性，而在另一些状态下，如在混乱状态或当学生正忙着手中之事或私自交谈时，不宜发指令。

教师在交代活动的指令时要想保证其效果，应做到以下几点：①注意新旧知识的衔接。②交代活动的相关信息，包括方式、目的、操作步骤、时间、反馈要求等。③检查学生对指令的理解。④让学生清楚活动如何开始。⑤终止指令要清楚，同时教师要对学生的活动做出适当的评价，评价中需要注意的是要采取有利于学生建立自信、发现问题并且明确改进的方式。⑥最后，要留出时间供学生提问。

（2）选择适当的英语教学活动参与模式。教学活动的载体是课堂内的参与活动，而参与模式决定着学生参与的程度。常见的参与模式有全班集体活动、同伴活动、小组活动和个人活动四种。采用什么样的模式应视学习内容而定。但是，参与模式应满足学生动手、动口的需求，因为学生是通过参与和做事来学习的，而不是通过单纯听讲来学习的。为使更多的学生参与英语教学活动，一般的主要活动模式是同伴活动或小组活动，并在活动中经常变动伙伴，以达到多数参与的目的。

（3）合理控制英语教学活动时间和参与人员。一般在英语教学中开展的活动都会有时间限定，学生如果未能在规定的时间内完成任务，教师视情况可让其继续或停止，如果让他们继续进行活动，则应明确时间界限，但在进行之前应首先了解清楚学生完成的情况，不能按时完成的原因也要了解清楚。

在完成活动的过程中，学生由于语言水平不一，完成同一任务所需时间也会不等。有的学生能提前完成任务，而有的却可能拖延时间。对于提前完成任务的学生，如果教师没有其他活动安排，他们就会无事可做，有可能影响其他学生，甚至对活动失去兴趣，影响以后的教学效果。在这种情况下，教师可以通过以下安排来控制参与人员的内容进度：

①给提前完成任务的同学分配额外的活动任务。例如提前完成任务的有两个以上小组，可以将这些小组组织在一起，对照检查任务完成的情况，这就是一种额外活动的安排。②将提前完成任务的学生编到未完成任务的小组。

（4）合理摆放英语教学座次。座次的摆放对教学活动的组织影响很大。固定的座次不利于同伴活动和小组活动的开展，但活动的桌椅如摆放不合适也对活动的组织不利。

2.组织英语教学的步骤

组织教学这个环节是上课的开始，也贯穿于整个教学过程中。具体来说，就是上课的过程中，教师应随时注意组织学生专心地积极地参加教学活动，以保证英语教学的效果。

这个部分一般包括的内容有：

（1）师生相互问好，以便把学生的注意力吸引到教师身上来。

（2）教师登记学生缺席情况，以便日后为他们补习英语课程。

（3）值日生报告。

（4）宣布本节课授课内容和目的，把学生的注意力引到学习上来，并开始讲课。

上面四点中，值日生报告需要注意以下几点：

首先，值日生报告由学生轮流进行，并不固定为某一个学生。当天值日生自由选题讲2~3分钟。教师边听边记录学生错误，学生讲完后，将学生讲错的地方写在黑板上，以供学生改正。其次，学生在准备值日生报告时可以事先将报告内容写成文章。这一做法在某种意义上可以作为作文练习的补充。此外，也可以作为一种个别指导的重要机会，这种机会在平时是很少有的。通过板书来纠正学生的错误这种方式，不仅对值日生有益，而且对其他学生来说，也有利于防止他们犯类似的错误[1]。

最后，值日生报告的时间不要拖得太长，因为它不是上课的主要目的。这一内容总共所花时间（包括纠错在内）最好不要超过 10 分钟。如果时间充裕，教师也可以补充一些与值日生报告题目有关的内容，让学生听。

（二）组织英语教学需注意的问题

1. 对组织英语教学要有正确的认识

谈到英语教学中的组织教学，很多人对其认识都存有误区，主要表现在以下两个方面：

（1）认为组织英语教学只是在课堂教学开始时进行，而且也就几分钟，其实整堂课都要随时注意组织教学，这样才能保证整堂课的顺利进行。

（2）认为组织英语教学就是训斥学生，这种认识显然太过片面，也不准确。

2. 组织英语教学中可采用的适当方法

在目前的英语教学中，一些英语教师组织教学的方式就是说教，在实际应用中这并不是最好的方法。其实，只要教师把课组织好，循序渐进地进行教学，让学生感到课堂上有收获和进步，他们就会自觉地把注意力集中在英语的学习上。当然，也有一些具体的方法可以遵循。如在组织教学时，教师不断地向学生提出问题，进行引导；教学逐步提高要求，适当高于学生水平的要求利于学生经常处于积极状态；可以根据情况适当改变教学方式，以促使学生集中注意力；根据学生的表现，恰当地予以表扬、鼓励和批评，而以表扬为主，这样利于增强或保持学生对英语学习的信心。只要教师在英语教学中善于引导，学生是会积极配合的，那么组织教学也就不是什么问题了。

二、检查和复习上次课的内容

这个环节在保证教学的连续性方面起着重要作用。通过该环节的进行，教师可以了解到教学效果，对教学的进展情况做到心中有数。这个环节在已学内容和教学新内容之间起着桥梁作用，具体来说，是已学内容的延续，为新内容的学习做准备。

（一）检查作业

检查作业常和复习巩固前次所学内容结合进行。在检查作业的同时或检查作业之后教师可以根据发现的问题补充一些练习。这些练习一方面可以巩固深化已学内容，另一方面也可以弥补薄弱环节。检查作业包括前次上课留的口头和笔头作业。笔头作

---

1 王佐良. 翻译：思考与试笔 [M]. 北京：外语教学与研究出版社，1989.

业一般收齐后教师带走课后批改。口头作业常采用口头形式来检查，因为口头形式比较灵活，方式多样，在课堂中可以包括听、说、读、写多种实践活动。另外，口头作业的检查也可以口头形式为主，辅之以笔头形式。譬如在全班进行口头造句时，可要求2~3个学生到黑板上造句，这样利于比较全面地发现问题。其实，检查作业也可以说是辅导学生的常规方式。通过检查学生的作业，教师可以及时发现学生在学习中存在的问题，然后才能在课堂中有针对性地给予解决。而不同的检查方式所产生的作用也是不同的：

（1）英语课堂上集中核对学生的作业答案，可以有针对性地对典型错误进行讲评，使学生相互借鉴。

（2）英语教师详细对所有学生的作业进行检查，可以对每个学生的学习情况都有所了解，以便针对性地解决。

（3）英语教师安排学生相互检查作业，不仅对提升学生的英语水平有利，还可以培养学生发现问题的能力。

（4）英语教师当面检查学生的作业，可以对存在问题的学生进行个别辅导，便于提升班级整体的英语水平。

在检查作业中，不管是口头作业还是笔头作业，教师与学生之间都在进行着交流。在这个过程中，如果发现学生的问题，教师要实事求是地指出，同时可以帮助学生解决一部分问题，鼓励学生自行解决一部分问题，在解决问题的同时锻炼学生自主学习的能力。需要注意的是，在上交的笔头作业中，教师一般都要写评语，这时，不能随便什么话都写，比如打击学生的话语就不能写，做得再差的作业也一定有可以发现的优点。

（二）提问

对于检查和复习时进行的提问，英语教师对学生的回答可以进行评分，以作为平时成绩的记载。提问有两种，即个别提问和全班提问。提问时一般先对全班发问，后叫个别学生回答。在提问时主要有两个方面的问题需要注意：

（1）提问的项目分量要小，形式要短小简单，化整为零，以便更多的学生参与其中。提问的学生要普遍，最好能够遍布全班级，不要仅集中在几个学生身上。

（2）在提问时要对差生给予更多的关注。在英语教学中由于各种原因，总会出现一些差生，对于这些学生的英语学习，教师需要进行必要的教学辅导，这样才能更好地配合英语教学。例如在英语课堂中多给成绩较差的学生回答问题的机会，而刚开始向他们提出的问题一般都较简单，以利于提高他们的自信心，然后逐渐向他们提较难的问题，提高他们的英语水平，最终使他们赶上其他学生。

三、讲授新材料

讲授新材料是英语教学的第三个环节。下面从讲授新课的内容及采用的方法来对这个环节进行详细阐释。

教师向学生讲授新英语课的目的主要包括两个方面：使学生感知和理解新的英语材料；使学生初步运用新的英语材料。

（一）使学生感知和理解新的英语材料

在英语教学里，教师一定要使学生对所教内容理解、明白。比如，对于所教的英语单词，教师要使学生知道它的读音和拼写，也要明白单词的意思和用法，这样的词汇积累才是有效的；对于所教的英语句子，要使学生接触和把握句子的读音、声调或书写形式，并明白它的意思；对于所教的英语语法，要使学生了解有关的语法规则及其用法。在讲解时，教师需要采取一定的方式来进行，比如可借助实物、模型、图画、手势、动作、表演、情景等，这样直观的表达，利于学生把英语句子和单词与它们所表示的事物和概念直接挂钩，便于学生加深对其理解；可以用英语释义，必要时也可以用汉语释义，使学生最终理解所学内容；还可以用示范或举例的方法来说明，如示范发音和朗读以让学生进行模仿，列举例句以在运用中说明单词或某项语法的意义和用法等。掌握英语通常是一个理解、记忆、运用的过程，学习新的英语知识是这个过程的开始，也是完成整个过程的基础。教师讲解必须简单扼要，有重点，暂时没有用处的或学生当时不能接受的，一概不讲，这样做的目的是让学生能够先对容易的知识有初步的理解，为下一步深入的讲解做准备。教师能用图表和实物等直观手段的，教科书上有说明的，就不讲或少讲，以提高英语教学效率。在讲解时，教师通常用谈话方式，常提出启发性的问题，引导学生积极思维，这样利于学生自主学习能力的提高。教师在讲解时应通过有效的方法使学生在理解的同时能记住一部分或大部分内容。

（二）学生初步运用新的英语材料

学生对新的英语材料理解以后，还要做到初步运用新材料，这样可以检查和加深学生对新材料的理解。初步运用和其他的练习比起来，是最简单的，其主要内容包括朗读、简易的替换练习、复述语法规则、回讲句子或语法的意义和举例说明单词的用法和语法规则。

我们对讲授新的英语材料这个环节包括的两个目的及其关系一定要正确地看待。理解是一个由浅入深、由不完善到完善的发展过程，在该过程中，理解有助于模仿、操练与应用，而反过来，模仿、操练与应用又能加深理解。知其然与知其所以然都是理解。对模仿来说，知其然是完全必要的。而对于初学英语的人，特别是年龄较小的学生，由于所学的英语知识有限，知其所以然的目标对于他们来说有时就很难达到，但经过一个阶段的模仿、操练和应用后，随着学生学习英语材料的增多，在适当的时候，在英语教师的引导下，很多学生都能够从掌握的感性材料里得出理性的认识，做到知其所以然，这有助于学习效果和质量的进一步提高。因此，我们对于理解、模仿、操练、应用之间的关系应当辩证地看待，并根据实际需要恰当地处理它们的关系，以帮助学生理解与初步运用所学的新材料。

四、布置课外作业

布置作业是构成英语教学的第四个环节。教师在英语课堂快结束前要根据教学的目的和课堂教学进行的情况，向学生布置家庭作业，以巩固和发展课堂教学的成果。家庭作业的布置可以帮助和指导学生课下学习，这能给学生带来很多益处，比如利于充分发挥学生课后学习时间的效用，培养良好的学习习惯等。尤其是低年级学生，他们自制力和学习经验比较缺乏，布置家庭作业对他们更加重要。但英语教师在布置家庭作业时也不可盲目或随意，否则很容易给学生带来学习上的负担，教师需要清楚合理的家庭作业在英语教学中能起到良好的辅助作用。比如课堂上学生在某个方面表现得弱些，教师可以有目的地适当布置一些相应的练习，以弥补弱点；课堂上如果口语练习做得比较多，笔头练习相对做得少，那么教师可以多布置一些笔头的家庭作业，以充分而有效地利用课堂教学时间，弥补笔头练习的欠缺。

这个构成环节使英语教学延续到课外，可以起到巩固和提高教学成果的作用，有时也能起到为下次课做好必要准备的效用。教师要想使课外作业达到预期的效果，应注意以下几个方面：

（1）说明作业的目的和方法，如果作业要以一种比较新的形式完成，教师要在课堂上做示范。

（2）分量适当，不给学生增加过多的学习负担，也不能时有时无，时多时少。

（3）通过课外作业的练习，帮助学生进一步掌握教师讲课的重点和难点。

（4）难度适当。

第二节　英语教学的特点和要求

一、英语教学的特点

（一）实践活动是英语教学的中心

英语课的性质是实践课，而不是讲演课，这是由英语教学的目的和任务决定的。

英语课不论是在中小学作为一门普通教育课程，还是在高等学校作为语言专业课或共同基础课，其教学的首要目的都是应用。这就是说，学生要把英语作为交际工具来掌握。想要达到这一目标，教师就须在英语教学中开展实践活动。可以说，英语教学就是一个在教师指导下的人为的有计划、有系统的语言交际活动的训练过程。在所有的实践活动中，听、说、读、写的言语训练活动是主要的，语音、语法、词汇的语言知识讲授也不可缺少，但起的是辅助作用。要实现培养学生基本技能这一教学目的，教师只能依靠不断的大量的基本技能训练，也就是课堂中要有大量的实践活动。这一实践性特点，决定了英语课的学生人数不宜过多，以十五人的小班为宜。

（二）学生在英语教学中具有主体性

在英语教学活动中，学生是主体，教师是活动的组织者。既然这样，那么能否充分调动学生的积极性，使其能在教师指导下进行尽可能多的练习活动，就成为评定英语课质量的主要标志。在现代的英语教学中，教师依然起着主导作用，只是经常表现为充分调动学生的积极性，善于把学生组织起来进行英语技能训练等。学生活动的质量很大程度上取决于教师的组织和领导。这对于教师就有很多要求，比如每节课前教师必须认真备课，精心设计领导和组织学生进行练习的方式。现在衡量英语课的成败与英语教师课堂工作质量优劣的标准，并不是教师讲了多少及讲得怎样，而是把学生在教师指导下练了多少作为衡量的标准。可见，以前教师满堂灌的形式已经不适应现代的英语教学，学生逐渐在课堂中扮演主体性的角色。

（三）英语气氛和环境营造的积极性

英语气氛和英语环境在英语教学中有十分重要的意义，因此，在英语教学中创造英语气氛和环境便显得非常重要。现在的很多英语教学也都在积极地往这个方向努力。学生多做英语实践练习是保证英语教学中的英语气氛和环境的一个非常主要的方面；教师在知识讲解和组织练习实践时尽可能直接用英语进行，这样也能加强外语气氛。为此，教师应有计划、有步骤地向学生传授英语教学中必需的各种用语，并在自己的教学组织工作中积极地多使用，而且也要求学生多用常用。当然，创造课堂教学的英语气氛和环境，多使用英语课堂用语并不是主要的方面，其实，在整个教学过程中尽量少用汉语和翻译更能保证英语环境的营造。此外，教师熟练地掌握英语和教学技巧，也能在教学中营造出英语气氛。

（四）汉语对英语课堂教学影响的迁移性

在谈到母语和英语之间的关系时，人们经常谈到的是"迁移"的问题。迁移本来是一个心理学术语，在教学中，它指学习过程中学习者已有的知识或技能会对新知识或技能的获得产生影响。20世纪50年代，迁移理论被吸纳进语言教学研究，它认为母语迁移会对英语学习产生影响。在英语学习中，迁移指"一种语言对学习另一种语言产生的影响"。在英语学习中，迁移经常被学习者作为一种学习策略来采用，它指学习者利用已知的语言知识去理解新的语言，尤其在英语学习的初级阶段，这种现象出现得最为频繁，究其原因，在于学习者还不熟悉英语的语法规则，此时只有汉语可以依赖，汉语的内容就很容易被迁移到英语之中。汉语的迁移可以分为两个方面，即正迁移和负迁移。这两种类型在英语课堂教学中有着不同的作用，具体来说，正迁移对于英语的学习起正面的影响，负迁移对于英语的学习起负面的影响，而对于正、负迁移产生的情况，有些学者有过相关的阐述。

1. 汉语词汇和基本语法对英语课堂教学产生迁移性的影响

中国人的母语是汉语，学生一般在少年儿童时期就已经开始学习英语，这时，他们已经掌握了大量的汉语词汇和基本语法，具备了使用汉语进行听说和读写的能力，也能够比较好地使用汉语进行交际。而英语对他们来说是一门外语，且是要学习的目标语。因此，汉语对英语教学有着迁移性的影响。在英语课堂教学中，中国学生的语言迁移表现在各个层次上，如语音、词汇和语法等。由于英汉两种语言之间存在着很多相似或者吻合的地方，中国学生在学习英语时就可以利用已有的汉语知识，从而更好地促进英语的学习，这就产生了汉语在英语课堂教学中的正迁移现象。例如，汉语中的形容词都位于它所修饰的名词前面，而英语的有关用法与汉语的这一用法相似，当学生学习了形容词beautiful和名词flower两个词之后，就会很自然地说出"a beautiful flower"这样的句式。英语和汉语在句子的结构上也存在相似性，这一特性也使得正迁移成为可能。

2. 中国文化对英语课堂教学产生迁移性的影响

英汉两种语言之间存在着文化的差异，这种差异可以导致迁移现象的产生，这是一种文化迁移现象。这种现象是指由于文化差异而引起的文化干扰，它经常在跨文化交际中或外语学习中有所表现。具体来说，人们会用自己的文化准则和价值观来指导自己的言语和思想，并以此为标准来判断他人的言行和思想，而这种指导与判断往往是在下意识状态下进行的。文化迁移往往会导致交际困难、误解，甚至仇恨。胡文仲和高一虹把文化的内涵分为三种，即物质文化、制度文化和观念文化，并根据文化的这一内涵把文化迁移分为两种：一是表层文化迁移，物质文化和制度文化的文化迁移大体属于表层文化迁移，对于这些文化要素，人们是容易观察到的，只要稍加注意就可以感觉到不同文化在这些方面的差异。二是深层文化迁移，主要指观念文化的迁移，由于它属于心理层次，涉及人们的观念和思想，所以在跨文化交际中，这种迁移不容易被注意到。由于本族文化根深蒂固，人一生下来就受到本族语文化的熏陶，其言行无一不受到本族语文化的影响与制约，因此，在英语学习中，文化迁移更容易给学生造成交际的障碍。

文化迁移对英语学习的影响具有正负两个方面。刘正光和何素秀在2000年曾指出：

"以往关于外语学习中的迁移理论在对待母语以及母语文化的干扰问题时，对负干扰研究得较多、较透彻，同时，对负迁移的作用也有夸大之嫌。近年来随着人们对母语迁移理论的重新认识和深入研究发现，母语和母语文化对外语学习和外语交际能力的培养也同时存在相当大的正迁移[1]。"因此，英语课堂教学中，汉语文化的教学是不能受到忽视的[2]。我们可以从以下三个方面来分析这一看法：

（1）在英语课堂教学中，其内容不仅仅是培养、介绍和引进国外文化知识、技术、科学等，同时还担负着另外一个任务——中国文化输出。教师在英语课堂教学中进行西方文化知识传授的同时，如果忽视中国文化的教学，有可能造成跨文化交际的心理障碍，从而对跨文化交际能力的培养有着消极性的影响，比如有可能造成自卑、媚外的心理，以至于在与对方进行交际时不能树立平等的心态。

（2）在中国这种缺乏英语语言环境的状态中，教师教授和发现影响传递信息的各种语言的和非语言的文化因素时，必须把汉语文化作为比较对象，只有通过两种文化差异的比较才能找到影响英语交际的各种因素。而在中国英语课堂教学中，通过比较，我们还可以对英语教学的重点、难点进行有效的发现和确定，从而在课堂教学中做到有的放矢，提高课堂教学效率。

（3）充分掌握汉语与汉语文化对英语学习和英语交际能力有着极其重要的影响。我国外语界和翻译界的老前辈们的治学经历就能对这一点进行很好的说明。王佐良、许国璋、周珏良等英语界泰斗的成绩在很大程度上就得益于他们深厚的汉语与汉语文化的根底。许多著名的翻译家，如钱锺书、巴金、鲁迅、叶君健、杨宪益等，他们本身是作家，但其译作水平也很高，并且在译作方面也做出了很大的成绩，这在很大程度上也是得益于他们自身深厚的汉语及汉语文化知识。与汉语和英语的关系这一问题相关的除了语音、词汇、语法、文化等各个方面外，还有语言的社会功能问题。一个民族的母语能够表现出其民族特征，母语教学对于培养学生的爱国主义情感具有重要的意义。在中国的英语课堂教学中，教师不能因为英语的教与学而忽视汉语的教与学，否则将会导致严重的后果。新加坡年轻一代似乎不那么爱国，因为有不少青年人想出国，而且是一走了之，这种现象越来越普遍。人们对这种现象产生的原因进行探究会发现，这在很大程度上与新加坡面向英语的教育体制有关。在新加坡，一些有识之士也对这一问题有所发现，并指出新加坡出现社会凝聚力低的问题的原因在于20年来母语教育的失败。在我国英语课堂教学中，在处理汉语和英语的关系时应该注意以下两个问题：

第一，在英语课堂教学中尽可能使用英语，但是不对汉语的应用进行刻意的回避。

---

1 姚丽，姚烨. 英汉文化差异下的英语教学研究 [M]. 北京：中国书籍出版社，2014.
2 高等学校外语专业教学指导委员会英语组，编. 高等学校英语专业英语教学大纲 [M]. 北京：外语教学与研究出版社；上海：上海外语教育出版社，2000.

对于汉语和英语两者之间的关系，不管是在理论还是实践中都有两种极端的态度。一种是完全摆脱汉语而使用英语，刻意地回避汉语。这种主张很难做到，从另一方面来说也是不可取的，而且适当使用汉语也可以取得不错的课堂教学效果，比如利用英语和汉语之间进行比较，可以提高英语课堂教学的预见性和针对性。而在英语课堂上使用汉语时需要注意的是：把使用方便、易于理解的汉语作为教学手段时，不可以过分，要根据具体情况适当使用。比如对发音要领、语法等难以用英语解释的内容可以使用汉语进行简要说明；在解释某些意义抽象的单词或复杂的句子时，如果已经学过的词汇没有可以利用的，在这种情况下也可以使用汉语进行解释。另外一种极端态度是完全依靠汉语来教授英语，这种做法显然不可取。对于中国的英语学习者来说，汉语是他们的母语，学生在学习英语时会无意识地与汉语进行比较。如果在英语课堂教学过程中过多地使用汉语，学生对汉语的依赖性只会增加不会减弱，时间久了就会很难摆脱，严重的甚至会养成一种以汉语作"中介"的不良习惯，在听说读写等语言活动中会不断地把听到的、读到的及需要表达的英语先转换成汉语，如果总是采取这种方式学习英语的话学生就很难流利地使用英语，也不可能写出或讲出地道的英语。而且在英语课堂教学中使用英语也有很多益处，如可以创造英语的氛围，可以增加英语的输入等，利于减少汉语的负向迁移，增加汉语的正向迁移。

在英语课堂教学中，对于英汉两种语言相同的内容，学生利用汉语就很容易学习，教师只要稍加提示，学生就很容易掌握。而某些内容为英语所特有，学生学起来就比较困难，对于这些内容，教师应该有针对性地将其作为课堂教学的重点，适当增加练习量。而对于两种语言中相似但是又不相同的内容，学生在学习中就会很容易受到汉语的干扰，教师在课堂教学中要多加注意这些内容的教学，以防学生把两种语言的知识混淆。

第二，重视英语课堂教学的同时，不忽视汉语的学习。经济的全球化和科学技术的国际化是目前新的时代特征，而英语是国际交往中最为重要的交流与沟通的工具，越来越多的人对其重要性已经有所认识。而且英语教育的问题在我国的教育中并未被忽视，如教育主管部门和学校领导就对这一问题很关注。为了满足人们英语学习的需求，应运而生了各种各样的教学方法、丰富多彩的学习用书、音像制品、软件等，这进一步推动了英语的学习。这些条件无疑都是好事情。但是，这样的环境很容易给人，尤其是中小学生与家长，造成一种错觉，认为英语比汉语还重要，从而导致忽视汉语学习的现象。不重视英语的做法是错误的，而因为重视英语而忽视了对自己母语的学习也同样是不可取的，无论是个人还是社会，都应把英语教学与汉语学习的关系处理好。

二、英语教学的基本要求

（一）英语教学具有一定的密度

这一要求其实就是让教师充分利用课堂上的时间。教学时间有限，怎样在有限的教学时间内，来传授英语知识，发展学生的英语实践能力，这在英语教学中是一个值得考虑的重要问题。如果利用得合理，则能够收到不错的教学效果。教师必须精心设计，提高教学时间的使用率和有效率。为做到这一点，教师可以围绕一个教学内容进行密集的、快速的活动，如可以在课堂中依次快速操练、造句、提问等，这样的密度能够使每个学生都尽可能得到训练。而不同的内容教师要采用不同的教法才能达到事半功倍的效果，如在教句型时，可使用替代法进行操练；教词汇时，可使用拼读、造句等法；教课文时，可使用问答、翻译等法。如果一堂英语课能达到充分而适当的密度，课堂气氛必然较活跃，那么学生的学习积极性也就必然会高涨，从而形成教学的高潮。

（二）英语教学具有一定的广度

这一要求的具体内容主要包括两个方面：一是学生的活动面要广；二是教学内容所涉及的面要广。

（1）教师在每堂课中都要使这两个内容的广度扩展，尽量消灭"死角"。新授课的学生活动人数应不少于全班学生总人数的75%，复习课和练习课可达100%。学生活动时，还要结合学生的实际情况给予不同的标准，如对学习好的学生可要求高些，对学习差的学生可要求低些，对不大肯活动的学生要尽量采取措施使他们多参与到活动中。

（2）在英语课堂中教师教授内容时要做到在保证中心的前提下，以旧带新，以新温旧，总之，就是要做到新旧结合，并尽可能用圆周式的方法来安排教学活动内容。例如，结合直接引语教间接引语，结合比较级教形容词和副词的最高级，结合一般过去时态教现在完成时态等。

（三）英语教学具有一定的深度

这一要求就是说英语教学内容要有一定的难度，但其难度又要有一定的度，即必须在学生可接受的范围内，只有这样才能引起学生的学习兴趣。在难易程度方面，要做到量力而行，因材施教，不可以统一的难度标准来要求所有的学生。在难易的比例方面，根据学生目前的智力和英语能力情况来看，最好是1：3，即一难三易。在深度的内容方面，教师应注意把握好教学内容的关键语言点和一些重要词语，以提高教学效率。

第三节 英语课堂类型

一、按照教学环节划分的英语课堂类型

（一）综合型新授课

综合型新授课在英语教学课型类别中是最常用的，课上有讲解也有训练，以训练为主，但也根据实践的需要作精练的解释。综合型新授课所包括的教学结构比较完整，能够体现出英语教学的完整过程和对听说读写工作的全面安排。这一课型适用于初、高中各个年级。

综合型新授课的结构如下：

（1）组织英语教学。2分钟。

（2）对已学内容进行复习、检查。10分钟。

（3）提出新的英语材料。10分钟。

①演示或讲解新的英语材料：听音会意。②初步运用英语材料：仿说、仿做。

（4）反复操练。20分钟。

①句型操练。②复用练习。③活用练习。

（5）布置家庭作业。3分钟。

①本节课归纳小结。②英语家庭作业。

在综合型新授课中应该注意的问题有以下几点：

首先，使学生当堂熟练掌握所学的新的英语材料是综合型新授课的主要特点。在综合型新授课上，学生对所学的新材料的掌握过程比较完整，即提出新材料，反复操练，最后达到熟练掌握新材料，初步养成新的语言习惯。综合型新授课在教学内容上主要包括单词、语音、语法和课文四个方面；在训练上涉及听说读写四种技能。在综合型新授课上教的材料可以不多，但要求学生学得要好，掌握最好也熟练些，为之后的英语复习与学习奠定基础。

其次，综合型新授课的结构中所包含的环节多，教学方式灵活多样，在新鲜多变的气氛中比较容易吸引学生的注意力，使学生学习的兴趣和积极性始终维持或得到进一步的激发。

最后，综合型新授课的教学结构环节的时间不是固定的。上面提出的时间分配只是在一般情况下的一个大致数字，仅供参考。而在实际教学工作中，教师需要根据班上具体情况和教学内容，来对环节与时间的安排有一个灵活的掌握。

（二）复习课

复习课的目的一般都是配合期中或期末考试，在这个过程中教师可以组织一次或几次，把一个阶段里讲授的材料加以系统整理。其目的主要有两个：一是帮助学生记忆；二是促使学生进一步提高口笔语能力。在复习课中，一般也进行一些口笔语练习，其目的是复习和整理教过的词汇和语法，使学生对所学内容加深印象，帮助学生记忆，提高复习的效果，但这时的口笔语练习大半是语言练习。而复习课中为了发展学生的口笔语能力，在复习单词和语法时，要注意口笔语练习前的准备工作，比如对学生之前经常出现的问题、遇到的障碍等进行总结，先为其扫清道路。复习课上教师需要注意的是引导学生，使其开动脑筋，积极参加活动，为上好复习课，师生之间应该相互配合。切忌把复习课上成知识课，变成教师一人表演的独角戏。

在复习课中，如果复习的内容是英语词汇，教师可以提出一个主题，然后要求学生举出与之有关的单词，比如有关家庭的、学校的、清洁卫生的、鸟兽的等，然后在黑板上把这些词写上，也可以考虑让学生用举出的单词进行一段连贯性的叙述，比如用有关学校的词，描述一个学校，用有关鸟兽的词叙述动物的习性或关系等。随着学生所学单词的增多，主题也就可以分得逐渐详细，那么用与主题相关的单词所进行的描述类型也就越多。在复习课快结束前教师可以要求学生用与某一个或几个主题相关的单词写一段话或写一篇作文，这样利于帮助学生复习笔语能力的技巧。但学生在初始阶段一般学过的单词比较少，这时可以按词类归集，如介词、连词、疑问词等，然后要求学生用这类词造句，也可以组织一段对话。如果复习课中复习的内容是英语语法，这时教师可以提出某项语法，引导学生举例词、例句，选择其中最典型的句子写在黑板上面[1]，再引导学生通过分析、对比，找出例句之间的异同，从中归纳出语法规则，并加以说明。最后教师采用一些方式，如问答、替换、转换等进行操练，使学生对这项语法的用法能够熟练掌握。可见，这种探索的自主学习方式在语法复习课中依然使用，而一堂课上复习一项还是几项语法，则要根据具体情况来决定。

（三）巩固课

在巩固课上，巩固的任务在于通过口笔语练习，复习、整理教过的英语材料，并针对学生听说读写的能力给予进一步的提高，培养语言习惯。比如它对学生在口语上的要求是要说得熟练些，且能成段地说，这种课堂上的结构中一般没有新课环节。在各个年级巩固课都是很普遍的。如果教师教过某一节的英语课之后，感到学生学得不够熟练，这时就可以接着组织一次巩固课，以对所学内容进行巩固，而为了配合阶段考试，可一连组织几个巩固课。

巩固课一般只由组织教学、反复操练、布置家庭作业三个环节构成，而且课上的

---

[1] 徐国庆. 职业教育项目课程开发指南 [M]. 上海：华东师范大学出版社，2009.

大部分时间都要用在反复操练上。巩固课一般面临着两个极为重要的问题：如何把这几个构成环节组织好，如何体现出一个由简而繁、逐步提高的发展过程。在这里，我们给出几点意见：

（1）一般的英语教学可由朗读课文开始，然后根据课文内容依次对学生进行问答，接下来进行的是分段叙述课文大意，随后对整篇课文进行复述，最后可由学生就自己实际生活的有关内容仿照课文来做简短的介绍。这样做的好处一般有两个方面：一是使学生再次对课文内容有一个了解与熟悉，二是可以锻炼学生的口语能力。那么巩固课也可以参照一般的英语课堂来进行教学。结合课文，先利用图画引导学生整理和复习有关的单词、词组和语法点，然后把在课堂上整理的这些知识点根据需要写在黑板上；之后引导学生参照黑板上各组单词和词组，自行组织语言来分段叙述课文大意；随后让学生叙述整篇课文，或模仿课文进行仿做练习。

（2）家庭作业一般是学生笔头复述课文，或在课文的基础上仿写短文。巩固课中布置的家庭作业一般是要求学生课下把课上的口头叙述写成书面作业；或者让学生模仿课文，改换里面的人物，另行写成一篇短文。其中，改换人物的模仿课文式的短文写作可能相对简单些，但口头锻炼时如果教师引导得比较好，那么依据其进行的书面作业也就比较容易进行。

二、按照语言技能划分的英语课堂类型

（一）听说课

这种英语课堂类型在进行活动时主要采用的方式是看VCD、听故事、唱歌、玩游戏等，帮助学生养成良好的语言学习和运用习惯。以小学生为例，教师想让他们积极参与课堂教学活动，这时可以用小纪念品、小红花、小红榜等多种多样的方式来对其进行鼓励。

在听说课的英语教学中，教师需要注意的内容有以下几点：

（1）听说课的主体是学生，在教学中要适当传授学习策略，选择的教材内容难度要适当，对于学生来说不能偏难也不能偏简单，且选材范围要广泛，但又要符合固定学生的学习心理，教学时要循序渐进。

（2）听说课的重点应放在句子的操练、模仿、运用上，而在这种课堂中不能过分强调词汇与语法的学习，而且教师不能在讲台上唱独角戏，教师这时主要是作为一个组织者来引导学生进行各项活动。

（3）每堂课要根据学生的具体情况把听说活动有效地结合起来。比如对于儿童来说，课堂上在磁带中播放故事比较合适，既便于学生进行重复，也能引起他们的兴趣；但尽量不要安排他们从磁带里面听对话，因为对话对他们来说难度太大，而且也比较

枯燥，对话形式的听力训练要尽量通过教师与学生的参与来进行，如果仅是听可能效果并不是那么明显。

（二）读写课

读写类型的英语教学对于各个阶段的学生并不是完全适用，比如在小学阶段就不过分强调读写，但是有条件、基础好的班级可以适当开设读写课，但对学生的要求并不太高。读写训练一般在小学高年级正式开始，这种训练对进入初中后的英语学习所起的作用是承上启下。对小学高年级的阅读材料而言，它们的选择要与少年儿童的心理适合，如英语漫画、有趣的小故事、简写的童话等，这些材料比较有趣，符合少年儿童活泼的心理，可以把它们作为阅读材料。教师在安排读写课时，需要清楚阅读的目的是促进学生的英语思维发展，训练英语表达，所以阅读材料后面最好提出一些针对性的要求，如复述或改写，但不要加多项选择题等成人使用的问题形式，也不宜布置太大的训练量。

在英语教学中，读写这种课堂类型的安排一般是比较少的，所以为了保证读写的质量，教师一定要批改收上来的作业。批改以指出问题为主，不必在作业本上每错必改，可以在课堂讲解时对于典型的错误着重挑出，让学生自己动手修改。这样做的目的有三个：一是提供典型错误的正确形式，为学生提供正确的语言输入，以利于学生之后的正确运用；二是说明教师认真改过作业，树立教师在学生心目中的良好形象；三是维持学生对英语读写的信心。国外的差错分析研究表明，学生在学习外语的时候，一些错误的出现是难免的，这些错误在语言学习过程中具有发展性，即使纠正也会再犯。教师如果对学生挑错太多，可能会引起学生的反感，降低学习积极性，从而不利于语言课堂教学的进行。

（三）语法课

语法课主要是对英语的语言规则进行讲解，简单的语法点可结合课文，有意识地通过口头操练使学生掌握。一些较复杂的或与汉语不同的语法点，教师可通过上语法课单独对其进行讲授和操练，使学生能够对其用法系统地掌握。语法课一般由五个环节构成：

（1）组织英语教学。2分钟。

（2）对所学内容进行复习提问。10分钟。

（3）提出新的英语语法点。15分钟。

（4）对所学语法点进行反复操练。15分钟。

（5）布置英语家庭作业。3分钟。

第四节　英语教学的构成要素

构成英语教学的基本要素是教师、学生、教材、教法等，如何发挥他们的作用对保证英语教学质量至关重要。下面我们对这几个要素分别进行简要阐述。

一、学生

善于学习英语的学生通常对英语及其相关文化背景知识的兴趣比较浓厚，且有明确的英语学习动机，对说英语的民族及其政治、经济、生活方式、风俗习惯等的态度比较正确而开明，他们对于新鲜事物不但不排斥，很多还都很愿意接受，善于琢磨适合自己的学习方法。强烈的学习愿望对于学习效果的取得非常有意义，而喜爱英语及其民族，为了考试而学习更能激发学生的学习欲望。善于学习的学生对英语学习还有一种负责的态度，他们能够在教师指导下自觉地利用课外时间来学习。具体来说，这类学生具有的特点通常有以下几点：

（1）有长远的学习目标，定下的近期目标往往比目前学习的内容更深入。很多英语成绩优异的学生在课堂正式开始前，他们对即将学习的内容就已经比较熟悉了，在课堂上，他们就可以充分与教师和同学进行交流与操练，从而提高自己的英语水平。

（2）善于琢磨有效的学习方法和学习时段。比如有的学生早上记忆单词、背课文最有效，有的学生睡觉之前记单词、背课文最牢固，有的学生用联想实物的方式更有效，有的学生将相关单词联系起来学习比零零散散的学习更有效等。善于学习的学生总是会探索适合于自己的学习技巧。

（3）在课堂上愿意听教师的讲解，勤记笔记，愿意反复复习所学单词、短语、句子，甚至课文。

（4）对于所学的英语语言材料能够大胆运用，勇于冒险，不怕出错，愿意提问，积极发言，对于教师的纠正能够以正确的态度接受，懂得熟能生巧的道理，懂得通过与教师进行适当的交际可以提高英语语言水平的道理。

（5）善于对课后的学习活动进行安排。知道英语学习如果"三天打鱼、两天晒网"不利于英语水平的提高，唯有坚持每天听课文录音，跟录音朗读，模仿自己喜欢的语音语调，长久下来才能逐步提高英语水平。

二、教师

一位合格的英语教师应发音纯正，性格上比较活泼，思维敏捷，语言幽默，态度和蔼，热爱教学。如果授课的教师发音欠佳，可以采用一些方式，如录音带、VCD、广播乃至多媒体等手段进行发音上的弥补，让学生多听到发音纯正的单句和课文朗读、对话、故事等，教师在让学生听的过程中可以穿插必要的解释，把某些难懂的关键语句进行重复，从而将课堂活动有机地联系在一起。而站在学生的角度来看，他们通常不喜欢沉闷乏味的教师，那么这就要求英语教师在课堂教学中在适当的时候用夸张的声音讲述故事，模仿某种声音，这样对调动学生的积极性能起到一定的作用。有时，课堂上教师可以用英语开友善的玩笑，这样利于缓和紧张的学习气氛，减少有意注意，从而使得学生的无意注意或潜意识思维得到激发。一位有经验的教师往往能使文静学生与爱说话的学生之间的谈话获得平衡，引导文静者开口说英语，使文静学生的口语水平得到提高。

一位优秀的英语教师在课堂教学中通常需要注意以下几点：

（1）英语课堂上，教师需要随时注意调整自己的语言运用、提问方式、提供反馈的方式。无论采用何种教学方法或策略，教师都需花一定时间对全班讲述、布置、解释各项活动。为了让学生充分理解所讲内容，教师通常运用以下策略：重复话语、降低语速、增加停顿、改变发音、调整措辞、简化语法规则、调整语篇等。通过以上调整，教师的语言输出成为学生所需的可理解输入。提问是教师最常用的教学技巧之一。提问的好处不言而喻，如激发学生的学习兴趣、鼓励学生思考、帮助学生阐明思想、帮助教师诱导某些结构或词语、检查理解程度、鼓励积极参与等。

（2）在英语教学中，教师的讲话时间对学生习得新的语言结构和词语有利，但是不能以此来占用学生自主练习的时间。比较好的英语课堂，其活动形式通常多种多样，而不是每天重复一成不变的几种形式。而比较好的英语教师能对课堂活动中出现的新动向进行及时的预测，应变能力也较强，可以巧妙应付课堂上的各种突发事件，使课堂活动丰富有序。

（3）在英语教学中还有一个重要的方面是英语教师要为学生提供学习情况的反馈。有关英语学习的反馈信息有正反之分。英语课堂上教师的反馈可以多种多样，如可以是对学生话语的应答，像赞扬或批评、扩展学生的答案、总结学生回答、重复学生所答等。英语课堂上学生语言运用的主要目的是完成学习任务的同时获取运用英语的交际能力。英语课堂的背景具有特殊性，因此学生在课堂的语言运用中有很多套语，如情景型套语、礼仪型套语、风格型套语、组织应对活动的小套语等。在英语学习的初级阶段，这些套语在很大程度上能够帮助学生获得可理解信息的输入，但随着学生英语水平的提高，教师语言输出的句型会更加多样化。

三、教材

在英语教学活动中，教材是为学习服务的。然而，教材一旦确定便是死的，而学生是变化的。而且，任何教材的编写由于编者水平与资料的局限性，多少都会在一些方面存在缺陷或不足。如果教师单纯地紧扣教材，按部就班，把完成教学任务作为目的，而不考虑学生是否能够接受，这样的教学对学生的学习很难起到促进作用。英语教师在面对不同的教材时应学会处理，要在课堂上及课后询问学生的感受，调整教学进度和方法，一旦发现问题及时补救。我们在课堂教学过程中经常会遇到的涉及教材问题的情况一般有以下几种：

（1）英语教材难易程度不均衡。有的英语教材偏难，大部分学生在学习时感觉跟不上，仅仅机械地进行操练。遇到这种情况，教师在教学时应尽量把进度放慢，添加内容接近课文但难度稍小的材料。有的英语教材语言偏易，大部分学生对于教材中的内容已经熟记于心，课堂虽然活跃，学生交谈的兴致很高，但很大程度上只是在对旧的语言知识和技能进行运用或操练，不利于语言能力的发展。此时，教师应该适当添加一点有挑战性的语言材料，使用略高于现有水平的词汇、语句、课文及其隐含的结构，学生对这些英语材料能够听懂，但又有一定的挑战性，从而使他们的学习动力得到激发。还有些英语教材因为仓促，没有按照先易后难、先浅显后深入的原则编排课文，如果教师按部就班地紧贴课文，不利于对学生的有效引导。因此，教师备课应该建立在整本教材乃至全套教材的基础之上，可以适当调整先后顺序，以提高教材的有效使用率。

（2）英语教材趣味性不强。这一缺点容易对学生，尤其是儿童青少年学生不利，此时教师应该更加注意添加符合少年儿童心理特征的内容，使乏味的日常生活对话和课文变得生动有趣。一些童话故事录音带、原版卡通VCD、漫画等都可以是很好的补充材料。尤其在小学英语教学中，课本只是引路材料，把精力花在添加其他材料上并不是浪费[1]。所谓"使用指定教材是正道，使用其他教材或材料是歪门邪道"的说法是没有道理的，因为指定的教材并不一定适合所有的学生。英语教学中，一本教材、一支粉笔的教师已经不可能是好教师了。

（3）英语教材中的某些交际任务超出学生的日常生活范围。比如在银行办理信用卡或在宾馆登记入住的对话情景，一般小学生都缺乏此类经验或相应的知识背景，那么对于这类交际活动的进行方式也就很难把握。这时教师要想让这类活动顺利进行，应该采用图画、幻灯片、流程图等辅助手段，干巴巴地读课文、朗读课文不但没有趣味，也不能起到促进学生学习的作用。

1　Chitra Fernando. 习语与习语特征 [M]. 上海：上海外语教育出版社，2000.

四、教法

英语教学中并没有统一的方法，英语教学历史上出现的翻译法、直接法、自觉对比法、听说法、视听法、认知法、功能法等，都曾在课堂教学中发挥过一定的作用。历史证明，没有哪一种教学法在英语教学的应用中是最好的、最有效的。如果总在一个班级的英语教学中采用一成不变的教学法，学生势必感到乏味，实际上，一堂课也不应该只是用一种教学方法。这些不同的教学法对语言技能的发展各有侧重，因此不同方法的综合运用利于学生英语水平的全面发展。

无论采用的是何种教学方法，学生的语言交际都是课堂教学的出发点。教师要尽量使课堂交际与日常实际生活结合起来，鼓励学生有创造性地、有目的地把已学的英语语言材料予以运用，在新的生活场景中重新对语句进行组织，表达自己的感情。教师应力求使教学过程交际化，但这并不是说只要是交际化的内容都可以在课堂中进行，教材内容应该是选自真实生活的自然交际，适合学生的年龄，而强迫儿童学成人交际场景的英语语言显然是不对的。

第五节　英语课堂教学评估策略

一、英语课堂教学评估概述

（一）英语课堂教学评估的功能

站在不同的角度，英语课堂教学评估的功能也是不同的，下面主要从学生和教师两个角度来对这一功能进行阐述：

1. 从学生的角度看英语课堂教学评估的功能

（1）能够使学生意识到英语语言学习是一个过程，从而在这个过程中对自己的学习进行更好的监控。比如帮助他们及时调整学习策略，使他们在了解自己学习情况的基础上，逐渐养成自主学习的习惯，从而做到真正对自己的学习负责。

（2）使英语的学习过程具有可视性。通过直观化结果的呈现，利于学生清楚自己的长处和不足，有助于纠正学生在学习中的一些错误观念和错误假设。

（3）使学生能真正感受到教师对其英语学习的关注，利于学生端正对教师的态度。

2. 从教师的角度看英语课堂教学评估的功能

（1）在评估中师生间经常要进行对话，这一做法利于改善师生间的关系，为更有效地开展教学奠定基础。

（2）为课堂教学活动和学生日常的学习情况提供必要的反馈，使教师能及时根据反馈调整教学计划、教学方式，使之更加符合教学目标，适合学生的特点，从而提高课堂教学时间的利用率，保证教学效果。

（3）这种评估的一系列环节有助于教师成为有意识的教学研究者，为教学方法、教材编排质量等的提高奠定坚实的资源基础。

（二）英语课堂教学评估的影响因素

1. 教师的观念影响英语课堂教学评估

教师对课堂教学评估的态度及认识直接影响其采用的评估方式。比如有的教师认为课堂教学评估就等于学习测试，那么他们在选择评估方式时就很可能倾向于常模参照，把课堂教学评估当成小考，只是对学生的知识学习进行检查。实际上，这一看法显然未对英语课堂教学评估有一个全面的认识，这是很多教师对课堂教学评估的认识误区。在操作时，教师应对课堂教学评估与常规考试的区别有一个正确的认识，弄清课堂教学评估的目的和用途，然后才有可能选择适当而正确的评估方式。

2. 学生的认识与参与影响英语课堂教学评估

英语课堂教学评估其实是一种学生自评，只是在教师的辅助下进行的，在参与上肯定离不开学生，而且学生的积极参与是课堂教学评估得以顺利进行的保证。只有当学生积极参与评估活动，并从中掌握了评估的方法之后，课堂教学评估才能发挥其应有的效力。可见，学生的认识与参与能够保证课堂教学评估的有效性。如果学生认识不到课堂教学评估的作用，也就很难保证积极配合。而且我国学生很多都受传统考试、制度等的影响，因此他们对考试有着固有的敌对情绪，这种情绪带到课堂教学评估中所导致的后果就是存在偏见，很多学生都认为课堂教学评估无用。那么，在实施英语课堂教学评估时，应首先让学生摒除这一偏见，清楚课堂教学评估的重要性和必要性，为了加深学生对评估的正确认识，可以在评估结束时，组织学生分析评估给他们的学习带来的正面效应，以此种方式逐渐扭转学生对英语教学评估的认识。

3. 评估自身影响英语课堂教学评估

（1）英语课堂教学评估的方式。我国在各个教育阶段中考试比较多，而多数学生对于考试并不喜欢，学习成绩较差的学生更是如此。要想使课堂教学评估的客观性和有效性得到保证，所采用的评估方式必须能得到学生的喜欢，这样才能使他们积极配合，从而为课堂教学评估获得更加全面的信息。对于学生来说，也能使他们对自己的学习有一个全面的认识，具体来说就是既能让学生看到自己的差距，从而调整自己的学习计划和实施方式，又能看到自己的进步，培养其自信，促进学生的进步。

（2）英语课堂教学评估的参照。在英语课堂教学评估中采用的参照方式会影响评估的质量，而通常的参照一般有常模参照、目标参照等。如果采用常模参照，课堂教学评估就成了水平考试，这种分级的测评不利于学生动机的激发，明显不符合课堂教学评估的最终目的。如果采用目标参照，在评估时就是参照课堂教学和学习的目标检查学习的效果，这种方式利于寻找学习及课堂教学中存在的问题，以便给予解决或改进。但这种观点也不能一概而论，如果能够对所选择的参照进行合理、有效的使用，也能收到不错的效果。

（3）英语课堂教学评估的内容。英语教学有一个目的是培养学生的自主学习能力，而这一能力所要求的不仅仅是知识，他们更需要学习策略方面的训练，而在这些训练中，自我监控策略是重点。为了使学生能够通过课堂教学评估而使其自我监控能力得到培养，我们需要注意的主要有两点：一是需要对课堂教学任务的完成情况进行评估，其中的"任务"不只包括教师的，还包括学生的；二是需要对学习策略的使用情况进行测评，而且后者比前者更重要[1]。除此之外，在评估过程中还要给学生更多的时间和机会来反思自己的学习过程，以期给出更全面而准确的信息。

二、英语课堂教学评估策略概述

（一）英语课堂教学评估的原则

1. 英语课堂教学评估坚持目的性原则

教师与学生都需要对英语课堂教学评估的目的有所了解，这才能保证评估的顺利进行。从教师的角度考虑，评估方式不同，那么其预期目标与适用的范围也就不同，因此教师对于各种评估方法的目的和其预期的效果应有所了解，才能正确地选择评估方式。在了解各种评估方式的基础上，教师在选择时还应结合自己的班级和课堂的具体情况，且注意各项方法技巧的作用。这样下来，才能保证实施与目的的一致性。

从学生的角度考虑，要让他们清楚课堂教学评估的重要性，了解各种评估方式的操作和作用，从而使其在充分了解的基础上能够积极配合，保证课堂教学评估的有效进行。

2. 英语课堂教学评估坚持过程性原则

这一原则其实就是要求保证课堂教学评估要经常进行。因为课堂教学评估是监控学习过程的一种手段，以形成性测验为主，与简单的单元测验和期中、期末考试都不同，也不是总结性测验，因此必须经常有规律地进行，使其形成一种过程的连续性，才能保证其实施的效果。贯彻这一原则的最好办法就是将评估纳入正常的课堂教学之中，这样才能使其对学生的学习和教师的课堂教学真正起到实时监控的作用。

3. 英语课堂教学评估坚持变化性原则

评估的方式有很多种，比如有口头、书面、自评、互评等。但这些方式的选择并

---

1 邓炎昌，刘润清．语言与文化[M]．北京：外语教学与研究出版社，1989．

不只是要考虑其适应性，还应注意根据学生的具体情况进行适时的变化，如采用小组活动或两人活动等。

4. 英语课堂教学评估坚持效率性原则

影响英语课堂教学评估有效开展的因素有很多，如学生的配合、评估的方式等，因此，为了保证课堂教学评估的有效进行需注意以下几点：

（1）英语课堂教学评估以学生自评为主，而且评估侧重目标的完成情况，然后从中发现存在的问题以便给予解决。因此，评估的整个过程都需要让学生理解。比如让学生理解所采用评估方法的作用和操作方式，"反馈链"中每一环节结束时所采用的处理方式需要引起教师的特别注意，一定在每个环节结束后采用恰当的方式使学生清楚课堂教学评估的作用和价值，而且最后要让他们看到课堂教学评估给他们带来的效益，最好能够给予直观化的呈现。

（2）及时监控评估中所采用的方法，因为它可以直接影响评估的结果，并在评估实施的过程中及时发现问题，调整方法的选择和具体操作，从而使得课堂教学评估的有效开展得到保证，充分发挥课堂教学评估的作用。

（二）英语课堂教学评估应注意的问题

1. 以学生为中心

为教师和学生提供教学及学习方面的信息反馈是课堂教学评估的一个目的。通过反馈，教师可以观察学生的学习状况，然后根据具体状况来采取针对性的措施，以提高课堂教学质量，促进学生学习的进步。从评估和评估反馈的目的看，都围绕着学生，所以，评估活动的开展应以学生为中心。但有的教师在评估时往往忽略这一点，结果教师成了活动的主角。

2. 以教师为指导

课堂教学评估是教师组织教学的一种手段，也可以说是一种策略，能够有效地促进教学。虽然评估最终由学生完成，但教师在其中的自主权很高，比如评估内容及方式、处理反馈信息的方式等都由教师自己确定，也就是说，课堂教学评估很大程度上是在教师监控的情况下，学生进行的自我评估，但从总体上看，它是以教师为指导的。所以，在操作评估的过程中，教师要把握好自己在其中的角色定位。

3. 注意评估的灵活性与多维性

（1）评估标准的多维性。评估标准是否科学很大程度上影响着英语课堂教学评估结果的精确性。传统评估重视科学性与客观性，而且往往用一个共同的标准或模式来评估课堂教学，当然，这样的评估并不是不能够有效地预测和控制教育现象。但在这样的传统课堂教学评估的导向下，很多学校对学生的要求都是采用统一的标准，这很容易抹杀学生的个性差异，导致学生创新性降低，而社会越发展，对学生的个性发展要求越高。这时，课堂教学评估标准应该具有多维性，才能满足这一要求。

（2）评估主体的多维性。评估的主体并不只包括教师，还可以包括的人员有专职的评估机构、教育决策机构、学校管理人员、学生家长、学生群体和个体等。英语教学评估应该改变传统的单一教师评估模式，应该让更多的主体参与其中，这才是评估发展的趋势，而且评估主体间的沟通协商、评估主体和被评估者之间的互动与合作也很重要。在评估时，每个主体所处的角色与地位一般都会发生一定的变化。比如学生传统上是被动的受试者，在评估时应变成主动参与者，教师传统上是评估的权威，在评估时应变成组织者和参与者，家长传统上是评估的旁观者，在评估时应变成促进者等。这种变化看似是地位上的，其实在根本上显示了评估观念的变化。

（3）评估形式的多维性。在进行英语课堂教学评估时，所选择的评估形式如果趋向单一化，往往很难得到全面而客观的评估结果，而坚持评估形式的多维性才是趋势。例如，形成性评估与终结性评估相结合，结果与过程都给予关注，而重点是形成性评估；综合性评估和单项评估相结合，其中重点是综合性评估等。随着英语教学在全国乃至全世界的普及，英语课堂教学评估也引入了很多新的评估形式，如观察记录、面谈采访、问卷调查、对话日志、问题解决、模拟表演、项目活动和学习档案等，这些新的评估形式对英语教学的有效开展创造了更加有利的条件。

第六节 英语学科基本能力结构

一、英语学科能力结构概述

（一）能力与能力结构

能力是一种顺利完成某种活动所需的个性心理特征，分为一般能力与特殊能力。前者是指进行各种活动都必须具备的基本能力。人的各种能力都是在素质的基础上，在后天的学习、生活和社会实践中形成和发展起来的。能力结构则是指各种能力及其搭配与结合的方式。

（二）英语学科能力结构

文化主要指英语国家的历史、地理、风土人情、传统习俗、生活方式、文学艺术、行为规范和价值观念等。接触和了解英语国家的文化有利于对英语的理解和使用，加深对本国文化的理解与认识，培养世界意识，从而形成跨文化交际能力。

二、英语学科的基本能力及其培养

(一)英语学科的基本语言技能及其培养

英语语言技能主要包括听、说、读、写四个部分,它们彼此间相辅相成,互相促进。

1. 听的技能

在人类交往活动中,听是最基本的形式,是理解和吸收口头信息的交际能力,同时,它也是语言学习过程中信息输入的重要途径之一,是语言学习过程中最初始的环节。研究表明,日常生活交际中,40%～50%的时间在听,25%～30%的时间在说,11%～16%的时间在读,而只有大约9%的时间在写,可见听力能力的使用频率之高,具备相当的实用优势。此外,第二语言习得理论也证明,语言输入是语言习得最基本的条件,听是吸收和巩固语言知识及培养说、读、写语言能力的重要手段。由此可以看出,学习外语中学生更多利用的是听力理解能力,作为一种输入型技能,它在学生的语言习得中占有十分重要的地位,近年来听力部分在考试中所占比例的增加及要求的提高也足以证明这一点。

从交际角度看,听的言语活动是机械地、被动地理解和接收信息的过程。但从生理学、心理学和信息加工角度看,听是主动积极的交际行为,是高效率、快节奏的脑力劳动。由此可概括出,听力理解能力是指一种迅速正确地辨音解意、理解语意并对听到的信息做出评价反应的能力。其基本技能包括排除口音、背景音等因素的干扰;抓住关键词;听并执行指示语;听大意和主题;确定事物的发展顺序或逻辑关系;预测下文内容;理解说话人的意图和态度;评价所听内容;判断语段的深层含义等。

因此,在对学生进行听力能力训练时,教师要特别注意激发学生听的素质的潜能,培养学生的语感和听的策略,特别是在听的过程中获取和处理信息的能力。在听前活动时,学生明确听的目的,产生兴趣和欲望,熟悉话题,联系个人经历,预测大意,学习关键词并了解任务。在进行听力活动时学生可以完成关于材料的选择、填空、连线、画图、补全信息、做笔记、判真伪。听后活动指的是听后讨论、口头或笔头转述所听内容、写出大意等。

2. 说的技能

说是语言技能中最直接、最迅速、最有效的交流方式,是学生表达自己意愿、反馈教学效果的重要方式,是学生对目的语组织、加工和创造的过程。说的发展过程大致要经历三个阶段:说的动机和言语雏形的产生——内在言语的基本构成——通过语言转变为外在言语。外语语言活动,又分为说的技能和说的能力两个方面。一方面,说的技能是口语的实际表达状态,它是从语言知识的掌握到说的能力形成之间的必须环节,它的形成对说的能力发展起着重要的促进作用;另一方面,说的能力对说的技能有潜在制约和调节的作用,说的能力的强弱是说的技能的好坏的根本原因。英语说的技能大致包括语音语调正确、词汇运用贴切、词句结构符合表达习惯、言语反应和应变能力敏捷和语言表达简练扼要等因素。

在基础教育阶段,学生口语能力的培养主要侧重于语言微技能即语言形式方面,包括语音、语法和词汇等知识。其基本技能包括引出话题、维持交谈、插话、转移话题、话轮转换、引起注意、澄清意思、请求澄清、表示倾听和理解、预示和结束谈话、利用语音语调表达意思等。

口语能力的培养要求教师在教学中注意提高学生说的准确性、得体性、流利性和连贯性,培养学生的语感。同时灵活运用多种教学策略和教学方法,改善英语学习环境,在各项说的活动中培养学生想说的动机和敢说的自信,特别要注意口语教学活动应具备的真实性和广泛的参与性。

3. 读的技能

读是一种重要的语言交际形式,是人们获得各种书面信息的重要途径。它不是消极地接收信息的活动,而是一种通过视觉感知,来识别和理解语言材料的推理过程。理解能力是阅读中最主要的能力。精读和泛读是英语阅读的两个方面,其中精读以英语知识(句法、词汇或修辞等)为重,泛读以拓宽学生的知识面、扩大词汇量、培养一定的阅读技巧为主。课程标准中提出的英语阅读能力的基本技能包括略读、找读、预测下文、理解大意、分清文章中的事实和观点、猜测词义、推理判断、了解重点细节、理解文章结构、理解图表信息、理解指代关系、理解逻辑关系、理解作者意图、评价阅读内容等。

教师在教学中要有计划地指导学生掌握科学、有效的阅读方法和技巧,培养他们的语感,特别是培养其在阅读过程中获取和处理信息的能力。同时,指导学生使用词典、语法等工具书及各种英语教育教学资源,鼓励他们在阅读中根据上下文猜测词义等以逐步获得较强的独立阅读的能力,为学生的继续学习和发展奠定坚实的基础。具体有三个方面的措施:

(1)帮助学生掌握一定词汇量和语法知识,使他们能理解字面意思,具备识别技能;

(2)让学生提高文化意识,掌握尽可能多的世界性知识,增强运用图式网络的技能;

(3)训练快速阅读技能,增加获取信息的量,扩大知识面。

4. 写的技能

英语学科是一门实践性、应用性很强的学科,其教学不仅仅是让学生学习语言知识,更重要的是培养其运用该语言进行交际的能力。写作即用书面语言来传递信息和交流感情的一种重要交际方式。

新课程标准从写作本身和学生的实际出发,指出真正意义上的作文必须体现以下几个方面:

（1）个性化——会表达个人的观点和态度；

（2）注重内容——力求使表达的内容有趣和有效；

（3）交际化——注重交流，学会根据读者对象写作，以及遵循英语国家的文化习俗和交际准则；

（4）表达形式多样化——能运用多种句子结构、不同的语体及文体等；

（5）强调学生自身责任——能够收集、整理和加工材料，能够拟草稿、讨论和修改。

由此可见，英语写作是一种高级技能，它不是依赖学生的死记硬背或教师的直接传授所能达到的，必须通过多读、多练才能有所提高。其基本技能包括整理思路、组织素材、规划文章结构、列出提纲、起草文章、组织语言、遣词造句、修改文章、正确使用标点符号和字母大小写等。

教师因素包括写作教学观、教师的指导和作文评阅。学生因素涉及学生的语言能力、元认知能力和学习态度等。其中，语言能力是指学生掌握语言知识的状况；元认知能力是自我认知、自我反省的能力，元认知水平高的学生在写作过程中有计划、监控和调整的习惯；学习态度是指学生是否正确对待写作训练、是否能按照教师的评语修改或改进。因此，教师在培养学生的写作能力时要尤其注意这些影响因素的把握，将写作能力的培养看作是一项系统的工程，并遵循经常性、结合性、交际性和多样性的原则开展写作教学。

（二）英语学科的其他主要能力及其培养

进入"后方法时代"以来，随着应用语言学与第二语言习得与学习研究成果的不断丰富，英语作为外语的教学目标逐渐更新与扩大，其中对学生能力的要求也不仅仅局限于传统的听、说、读、写四方面，而拓展至培养各种策略思维能力及自主学习能力、合作学习能力等方面。尤其是学生运用英语进行交际的能力，已成为英语教学目标中的重要部分。下面就这些主要的英语学习能力做一个简要的阐述。

1. 英语交际能力

1972 年，社会语言学家海姆斯在他著名的《论交际能力》一文中首次提出了"交际能力"的概念。他指出，交际能力是语法、心理、社会文化和实际运用语言等能力系统相互作用的结果。紧接着，英国语言学家威尔金斯于 1978 年发表了《意念大纲》一书，尖锐地指出了传统的语法大纲和情景大纲的局限性，详尽列举了语言交际中的意念和功能项目，提出了语言交际能力的具体内容。此后，不少应用语言学家根据海姆斯理论对交际能力的界定进行了探讨，卡内尔与斯威恩总结出交际能力包括三个方面的能力：

（1）掌握语法的能力，包括语音、词汇、词法、句法、词义等方面的知识；

（2）掌握语言社会功能的能力，指使用语言的社会文化规则与语篇规则；

（3）使用策略的能力，即为使交际顺利进行而采取的语言与非语言交际策略等。

经不断探讨，交际能力的组成部分又增加了"理解和使用语篇"的能力，语言的社会功能已具体化到问候、告辞、请求、致谢、赞美、祝贺、道歉、原谅、建议、同意与不同意、批准与不批准、承认与否认、同情、鼓励、申诉、劝说、允许、许诺等项目；口语中使用语言的策略也具体化到怎样开始会话、维持会话、推迟答复、要求重复、澄清事实、打断或纠正对方、表示犹豫与结束会话等方面。

课堂教学中培养英语交际能力的教学方法主要有以下几种：

（1）小组活动。这种方法简便易行，是课堂教学中培养交际能力最常用的方法之一。

（2）模拟与角色扮演。这种方法使学生可随扮演的角色不断变化，使用社会上各种身份的人在各种场合中使用的语言，表达不同的个性、情感和态度，从而使交际能力的培养大为扩大。

（3）讨论与辩论。这种方法不仅能提高学生掌握口语语篇的能力，而且也是发展学生认知能力的重要方法，同时对于发展思维能力和语言交际能力也是十分有益的。

（4）多媒体与网络教学的运用。这可以在很大程度上克服课堂教学在培养交际能力方面的局限性，为学生提供生动与多样的文化背景，将外语课堂与世界各地的人联成一体。

（5）任务型教学。这是指根据教学目标从实际生活中选择一项任务，围绕任务培养学生的语言交际能力其他能力，并进行外语知识教学，它被认为是当代培养语言交际能力比较好的方法。

2. 创造性思维能力

随着科学技术的日新月异和杰出人才的大量涌现，特别是心理学和脑科学研究的深入，发展创造性思维能力不仅在理论上被提到了新的高度，而且已体现在学校人才培养的目标、教学大纲和教材中，并深入学科教学领域。越来越多的教育工作者认识到，在培养学生的各种思维能力中，除了逻辑思维能力是不可缺少的基本思维能力之外，创造性思维与批判性思维是培养学生思维能力最重要的方面，其中尤以创造性思维能力对学生成长及一生事业影响最大。在英语教学中必须注意发展学生的创造性思维能力，还因为语言与思维有着不可分割的联系，各种语言活动，特别是为发展交际能力而进行的教学活动，实际上都体现了语言能力与思维能力的结合。

创造性思维是创造性认知的体现。创造性思维能力是指对未知的探究、思索和创造性地构建符合客观规律的新知识和新概念以满足社会需求的能力。对个人来说，创造性思维产生于改变现状的强烈愿望，它促使人们对各种事物充满好奇，并善于发现新生事物及其产生的规律。进行创造性思维的结果往往能产生新的成果，使工作更有成效、更省时。在英语教学中，创造性思维使学生不断发现与掌握新的语言规律，同时也促进总体认知能力的提高。它的培养需要点点滴滴的积累与坚持不懈的努力。

我们应当看到，英语教学的主要目的还是培养学生具有使用外语进行交际的能力。因此，培养思维能力应当与英语知识教学与发展英语交际能力结合起来，并有利于后者，而不是喧宾夺主，这是我们培养创造性思维能力时应遵循的原则。具体的培养策略主要有以下几种：

（1）发散性思维与收敛性思维相结合。前者指逻辑演绎或必要的推断，即从充分的现存信息中推断出结论；后者则指从已有信息中产生新的信息，其特点是从一个思维原点产生出大量与多样化的思维线索。

（2）培养猜想、联想与想象能力。这三者是创造的前奏，但其使用必须建立在逻辑思维的基础上，应达到英语课既定的教学目标并以英语进行，应选择适当的英语教学环节进行，而不是过于随意或将其简单化与生搬硬套。

（3）在外语知识学习、技能训练与能力培养中提倡创造精神。发展外语交际能力与培养创造性思维能力不是对立的，而是相互关联、相互影响的。只有将培养创造性思维能力的教学融合于整个外语课堂教学中，才能使之产生真正的成效。

3．自主学习能力

学生自主学习能力的培养是时代对教育提出的要求，它是学校对学生进行素质教育的一部分。特别是20世纪90年代以来，随着学习外语人数的迅速增长，以及社会对外语需求的急剧增加与对外语人才素质要求的提高，传统外语教学中教师"喂养"学生的理念和方法已远不能适应时代的需要；同时随着当代教育对学生自身成长的重视，培养外语学习中学生自主学习能力的问题逐渐凸显出它的重要意义，并越来越受到人们的关注。除了时代变迁的要求外，自主学习能力之所以受到如此的重视主要原因在于它从认知与情感两方面对学生外语学习的影响都甚大。在任何情况下，外语学习成效的高低，主要都取决于学习者的主观努力及他们使用学习策略与方法是否得当，外来的指导与帮助等外因归根结底都需通过学习者本人这一内因才能起作用。在第一语言环境中学习外语，课堂教学时间与外语环境都十分有限，只有自主学习能力强的学生才能充分利用现有的有利条件促进外语学习。

研究学生自主学习能力的专家霍雷克认为，学生的自主学习能力指学习者负责管理自己学习的能力。当前"自主学习"的概念已拓展至五个方面：

（1）自主学习的环境与条件；

（2）自主学习所需具备的技能；

（3）自主学习能力与学校教育的关系；

（4）自主学习者必须培养与行使的责任；

（5）自主学习者决定自己学习方向的权利。

需要注意的是，"自主学习"与"自学"是不同的概念，前者是一种能力而后者是学习外语的一种方式。强调自主学习也不是让教师放弃对课堂的主动管理，而是充分发挥教师的指导作用下的学生独立自主精神及学习策略的养成。

培养学生的自主学习能力，首要的环节是培养学生的学习责任感。要做到这一点，教师除了从理论上进行正面教育外，还必须在外语课堂教学的各个环节将学习责任感的教育融合于自主学习能力的培养中，并使两者结合起来。具体可从以下几方面开展实践：

（1）使学生明确外语教学目标。根据目标激励法的原则，赋予学生一定的目标制定参与权和建议权，要让学生真正了解教学目标并与教师共同努力达到此目标。关注教学目标不仅能使学生增强课堂主人翁意识与责任感，主动与教师合作掌握教学内容，而且有助于他们调节自己的学习策略与方法，提高自主学习能力。

（2）提高独立思考、独立发现与解决问题能力，提倡创造性地学习外语。要帮助学生学会运用词典等工具书与通过上网等手段自己查阅资料，从中选择所需学习材料，这是培养自主学习能力的又一重要方面。

（3）帮助学生分析、了解与发扬自己的学习风格，并争取他人的帮助。教师应启发学生利用课堂教学的优越性，主动从教师与其他同学处获取知识与提高自己的能力。

总之，自主学习能力包括多方面，形成这一能力是一个长期积累的过程，需要教师与学生自觉关注，利用教学的各个环节，采取适当的教学方法悉心培养。

4. 合作学习能力

英语课堂教学中学生的合作学习历来是外语教学的传统之一。由于语言具有交际的功能，学习英语必须进行人际交流，合作学习对学生来说几乎是不可避免的。但是，即使是在英语课堂教学中，合作学习的意识和成效并不能自然产生。因此，英语课堂教学改革的一个重要方面就是如何赋予合作学习以当代新理念，使之成为培养新世纪人才的组成部分。

合作学习的一般概念是指组织学生通过合作的方式提高学习成效的理念与形式。国内外多年来的实验证实，合作学习在以下几方面对外语教学有显著成效：

（1）它有助于调动学生外语学习的主动性与积极性，使学生真正成为课堂的主人；

（2）合作学习扩大了外语信息资源，使学生练习与使用外语的频率大为增加；

（3）从心理因素看，合作学习使学生处于集体之中，可以在放松状态下发挥能力，提高素质。

合作学习能力涉及学生的人际沟通能力、组织协调能力、自我管理能力、交流表达能力等多种能力的运用与融合。一般说来，培养的方法和策略主要有以下几方面：

（1）明确合作学习的意义，唤起合作意识。教师要不失时机地让学生明白"只有合作才能不断走向成功"的理念，从而唤起合作成员之间同舟共济、荣辱与共的关系意识，形成相互依赖关系。

（2）注重合作兴趣的培养。合作兴趣是合作动机中最现实、最活跃的心理反应，是直接推动学生进行合作学习的内在动力。

（3）强调合作方法的指导。教师也可以在合作学习的开展中渗透合作学习的技巧，做到"润物细无声"。

（4）重视合作探究能力的评价方式。由激励个人竞争转变为激励小组集体合作，并注意合作学习的过程评价。总之，新课程的改革要求教师必须树立适应素质教育需要的教育观和促进学生自主合作学习的教学观，采用合作学习的教学模式，本着实事求是的态度，扎实地进行课程改革。对于学生合作学习出现的问题，教师要用正确的理论和方法加以指导，采用合理的方法和策略进行培养，才能有效地促进学生合作学习能力的发展。

第七节 英语学科基本知识结构

一、英语学科知识的体系结构

所谓知识结构，是指一个人为了某种目的的需要，按一定的组合方式和比例关系所建构的，由各类知识所组成的，具有开放、动态、通用和多层次特点的知识构架。

著名心理学家布卢纳认为，掌握事物的结构，就是以有意义地联系它和很多别的东西的方式去理解它。简言之，学习知识结构就是学习事物是怎样相互关联的。他说："不论我们选教什么学科，务必使学生理解各门学科的基本结构。这是在运用知识方面的最低要求，它有助于解决学生在课外所遇到的问题和事件，或者在日后训练中所遇到的问题。""经典的迁移问题的中心，与其说是单纯地掌握事实和技巧，不如说是教授和学习结构"。他还指出，要帮助学生了解那些看似无关的新的事实其实是相互关联的，且与学生已有的知识也是有关联的。可见知识结构对于一门学科的重要意义和价值。建立起合理的知识结构，还有助于培养科学的思维方式，提高自己的实用技能，以适应未来学习、生活和工作的要求。

中学英语基本知识结构的成分是什么，这是在做分析前必须要统一的问题。从理论上说，语言知识是以语音为物质外壳、词汇为建筑材料、语法为结构规律构成的语言体系。英语教学大纲也是如此界定。

课文，就其本身而言不能归于知识的范畴。它是结合思想内容传递信息的载体。它也是一种有意识地综合了各种语言知识的表现形式。由于课文所提供的是语言的核心部分，因此课文学习是中学英语学习的最基本途径。就英语学科而言，学生在中小学阶段，应该学习和掌握的英语学科语言基础知识结构中，包括语音、词汇、词法、句法、语言功能等诸多部分。语言知识是语言能力的有机组成部分，是发展语言技能的基础。下面从语音、词汇、语法和句法等不同的方面，将中学生学习英语时应掌握的英语基本知识结构作一具体分析。

（一）语音

语言本身是多层次而又相互联系的体系。中学英语教学中的语音要求实际属于"音系层"，具体指"诸语音的有规律的排列组合及其读法"，也就是我们平时要求同学掌握的"读音规则（phonological rules）"。这一要求从广义来说还包含重读、失爆、连读、意群、节奏和语调。这一系列的要求均涉及语义的正确理解和表达，因而不能轻视。从技能要求而言，通过学习，学生应该能正确辨音进而辨义，二能发音正确、语调正确，以能表意。在小学和初中英语学习的基础上，高中学生必须达到的要求如下：

1. 语音规则：元音字母在重读开、闭音节中的读音规则，辅音字母的基本读音规则，字母组合的读音规则，单词重音；

2. 国际音标；

3. 朗读：句子重音、意群和停顿，连读和不完全爆破，语调，节奏。

其中，单词重音，句子重音、意群和停顿，连读和不完全爆破，节奏是高中阶段在语音方面的重点发展项目。

在语音学习中应该注意的点：

1. 区分英汉在读音上的差异，要排除已牢固掌握的汉语拼音的影响。如在 /t//k/ 等后面加上 /ə/ 的音，/i/ 和 /i : / 等的混淆。

2. 掌握元音字母在重读开、闭音节和—r 音节中的读音规律，掌握元音字母组合在重读音节中的拼读规律。

3. 掌握辅音字母组合的拼读规律。

4. 须记住某些字母在某些单词中不发音及并非所有单词都符合发音规则。如单词 catch 中的字母 t，sign、foreign 中的字母 g，psychology 中的字母 p，均不发音。又如单词 live 作动词时发音为 /liv/，而作形容词时发音为 /laiv/。

5. 注意语句的重音与基本语调。在实际情景中，句子的意义不仅取决于结构，有时也受到重音和语调的支配。同样一个句子，He can speak English well. 重音落在 can 上则强调有能力讲好英语；重音落在 speak 上则可能暗示与"说"相比，"写"可能差一点；重音落在 well 上则强调"好"的程度了。再如句子 He has gone to Beijing. 一般用降调，表示"告知"。但如果在对话中用了升调，则无疑是发问了。就一般而言，句子重音应落在名词、实义动词、形容词、副词和感叹词上。降调用于陈述句、特殊疑问句、表示命令的祈使句和感叹句。升调用于一般疑问句、选择疑问句的前一部分、列举事物和从句在前的复合句中的从句。

6. 在朗读、会话训练起始时，除提出"正确"这一要求外，也要注意连贯和流利，从一开始就培养良好的习惯。

学好英语拼音和掌握读音规则的另一好处还在于能有助于学习新单词时产生正迁移的作用，减少记忆单词的困难，提高记忆效率。语音学习是基础知识学习的第一步。我们既要善于掌握读音规则，也要充分利用各种手段和机会多听、多对比、多练，在实践中不断提高。

（二）词汇

高中阶段对词汇的总体要求如下：

1. 词汇量：核心词汇累计不少于 2300 词，总词汇量累计不少于 4200 词；
2. 形态变化：可数名词复数，动词现在分词，动词过去式，动词过去分词等；
3. 构词法：合成法，派生法，转化法，首字母缩略法；
4. 单词释义，应注意一词多义，词组在不同的语境中往往会有不同的意思，因此在学习中应注意这些词不同的释义，例如：

（1）Put up your hand if you know the answer.　　举起

（2）We must put up a tent here.

These houses were put up in 1924.　　建起，搭起

（3）He put up a notice on the wall.　　张贴，挂上

（4）We put up for the night on the farm.

Can you put us up for the night?　　vi．住宿　vt．留客人住宿

（5）He put up a lot of money for the art gallery.　　捐赠，出钱

（6）They put the price of coffee up again.　　提高

其中核心词汇量是在初中阶段 1600 词的基础上提出的新要求；构词法中首字母缩略法也是高中学习的项目；而单词释义，则要求学生能用学过的浅显、简明的英语对部分词汇进行解释。

（三）词法

对于词法，其基本知识结构如下：

1. 名词：普通名词和专有名词，可数名词复数形式的构成及数量表达，不可数名词数量表达。名词所有格's 和 of 结构；
2. 动词：连系动词，行为动词，助动词，情态动词（情态动词＋动词原形、情态动词＋动词完成式、情态动词＋动词进行式），时态（一般现在时、一般过去时、一般将来时、现在进行时、现在完成时、过去进行时、过去完成时、过去将来时、现在完成进行时、将来完成进行时），语态（主动语态；被动语态，包括一般现在时、一般过去时、一般将来时、现在进行时、现在完成时、过去进行时、过去完成时、过去将

来时、现在完成进行时、含情态动词的被动语态、短语动词的被动语态），不定式（构成：肯定式、否定式、wh-+不定式、复合结构、进行式、完成式、被动式；用法：作主语、作表语、作宾语、作宾语补足语、作定语、作状语），动名词（构成：肯定式、否定式、完成式、复合结构；用法：作主语、作表语、作宾语、作定语），现在分词（构成：一般式、完成式、被动式；用法：作表语、作定语、作状语、作宾语补足语），过去分词（用法：作表语、作定语、作状语、作宾语补足语）；

3. 形容词、副词：用法，位置，比较级和最高级的构成和用法；

4. 代词：人称代词（主格、宾格、形容词性物主代词、名词性物主代词），指示代词，疑问代词，反身代词，不定代词，it 的用法（表示时间、表示自然现象、表示距离、作形式主语、作形式宾语）；下面对常见代词及其用法作介绍：

（1）that 替代词，代替前面提到的不可数或特指的可数名词（仅指只有一个的东西，如汽车上的发动机），that 前面不加修饰词，后面常带定语，复数是 those。

The population of Shanghai is much larger than that of Qingdao.

（2）it 特指，指代前面提到过的那个物，用于指可数名词单数或不可数名词，指的是同一个物。

I have a nice pen. My uncle gave it to me.

（3）one 泛指，指代前面提到过的那类人或物，用于指代可数名词，其复数形式为 ones，前面常带定语。

Tom has a red pen and a blue one.

（4）the one 特指，复数是 the ones，接近于 that, those, 只能代替可数名词，that 可代替不可数名词。

I don't like this one. I like the one on the desk.

练习：

（a）The chairs are too old. I want to buy some new ones.

（b）The climate of Shanghai in summer is not so hot as that of Nanjing.

（c）Pencils made in Guilin are just as good as those made in Shanghai.

（d）I haven't got a TV set. I'll have to buy one.

（e）Your pen writes very well. May I use it?

（f）The study of idiom is as important as that of grammar.

（g）The population of China is larger than that of Japan.

5. 数词：基数词，序数词，钟点表达法，日期表达法，年份表达法，分数、小数、百分比表达法，基本数学运算表达；

6. 其他：如介词，表示时间，表示地点，表示方式，表示所属关系；连词：并列连词，从属连词；冠词：不定冠词，定冠词，零冠词。

高中阶段，动词特别是非谓语动词部分是难点和重点，要在丰富的语境中让学生充分感受到其结构、用法和功能。

（四）句法

英语的句子，从不同的维度可以有不同的划分方式。

1. 虚拟语气：在与事实相反条件句中的用法（与现在事实相反、与过去事实相反、与将来事实相反），在其他从句中的用法（宾语从句、表语从句、主语从句、同位语从句）；

2. 句子种类：陈述句（肯定式、否定式），疑问句（一般疑问句、特殊疑问句、反义疑问句、选择疑问句），祈使句，感叹句；

3. 句子类型：简单句，并列句，复合句（状语从句、定语从句、宾语从句、主语从句、表语从句、同位语从句）；

4. 句子成分：主语、谓语、表语、宾语、定语、状语、补语；

5. 倒装句；

6. 强调结构：用 do、does、did 表示强调，用 it 引导的强调结构；

7. 独立主格结构

其中，定语从句、主语从句、表语从句、倒装句、强调句、独立主格结构和虚拟语气是高中阶段的新增条目。

（五）功能

所谓语言功能，就是指人们使用语言要达成的目的，例如问候、邀请、抱怨、道歉等。语言功能是通过在具体语境中传递信息达成某种交际目的来体现的。二期课改提出了"高中毕业生一门外语基本过关"的目标中所谓的"基本过关"，即指学生能用正确流利的语言进行得体交流。为达到这个目标，光有语音、词汇、词法和句法的知识还不够，掌握语言功能是实现得体交流适切交际不可或缺的部分。

（六）阅读量与视听量

"视听量"这一概念是新课程英语教学的一大创新。现代语言学习的理论认为，语言信息并非只有传统观念所认为的文字符号一种，在现代教育教学技术高度发达的今天，音像符号是传播范围更广大、速度更快的视听信息，是学生学习十分重要的来源。对于高中阶段，课程标准的规定是视听量不少于 90 小时，课外阅读量不少于 25 万词。对高中学生提出恰当的英语视听量的学习要求，有利于纠正"重书面、轻口头""重知识、轻能力"的偏向，为高中学生学习英语提供了明确的导向。

合理建立英语学科的基础知识结构，有利于学生对英语学科知识体系的整体把握。结构中的各个板块不是相互独立的，如功能意念是以语音、词汇、词法、句法等为载体实现的；而词法中，非谓语动词与各类复合句、并列句又有着千丝万缕的关系。学生在学习中，通过各个知识板块的相互联系，构建经纬交织的知识网络，克服离散性，这样既易于学习，也便于深化理解和记忆，为语言综合能力的形成打下坚实的基础。

　　高校英语学科教学知识的体系结构与基本内容应该是每一位教师必须了解与把握的，这项基本要求关系到学生的英语学习效果、学校的教育改革计划乃至国家英语人才的培养与输送，可谓意义重大，所以教师必须加以重视，严肃对待，在学习、了解的同时，按照相关的规定要求，把自己的观点与理解融入英语教学当中，达到创新、改善的目的。目前，所有高等院校英语学科教学知识的体系结构与基本内容都是遵循教育部颁发的《大学英语课程教学要求》而制定的，知识、技能、文化、素质等多方面的教育成为核心，着重强调知识理论与实际运用的结合能力。高中英语教学知识体系结构注重对课程结构的安排，主次分明、重点突出，不忽视对学生基本素质，创新、探究等学习能力的培养，利用多媒体网络等技术和资源，采取多样的教学手段，丰富课堂的教学内容，调动学生的学习兴趣和积极性，有效地训练其自主探究能力、合作学习能力等，使学生能完全掌握听、说、读、写四项基本技能，发挥出现代化教学课堂的优势，让全面、立体的教学知识结构体系提供给学生多样化、个性化的学习平台，实现对教学资源的最优化利用，例如：组成网络自学学习小组、开设具有不同难易程度的网课都是实现灵活、实用教学方式的很好的途径。

二、英语学科基本知识内容

　　在高校英语学科教学知识的基本内容中，整个高中英语课程的教学中学生需要掌握3000个左右的单词，对学生的听、说、读、写能力的内容布置很均匀，目的是培养学生基本的英语学习能力，使其能够平衡发展，掌握全面的学习技能。按照国家教纲的要求，在内容上也设置了一定的标准，学生通过知识内容的学习，掌握这门语言技能和知识、文化内涵，拥有正确的学习策略和情感态度，结合教学目标，了解全新的英语语言教学知识结构。例如：在英语学科教学知识的基本内容的编制上，就包括听力理解能力，要利用课余时间听英语节目，加强听力训练，掌握内容大意，提高听力理解能力；还包括阅读学习能力，在读懂教材的同时，丰富课外阅读途径，对于一些常见的英语报刊中的文章，需要快速阅读、理解文章的含义，做到读懂；而书面写作与翻译能力同样也是一项基本内容，在规定时间内，要运用所学知识和词汇，根据题目要求和生活中的所见所闻，写出内容连贯、语句准确通顺的完整文章，而对于翻译能力，常见的是英汉互译，运用一定的技巧和方法，在保证速度与准确性的前提下，完成相应的译文任务。

　　英语语音基本内容

　　学习英语首先接触到的是英语单词的发音及其规律。熟练掌握这些发音技巧及规律，是掌握英语口语和单词拼写的重要环节。英语音素包括20个元音和28个辅音。英语虽是拼音文字，但是在大多数情况下，并不是由字母发音拼读出来的。这就需要给单词注音，我们目前使用的是国际音标。

1. 英语语音的一些基本概念

（1）音素

音素是语音的最小单位。例如汉语拼音 la"拉"可以分解为 l 和 a，它们不能再继续分解，因此，l 和 a 就是汉语拼音的两个音素。

英语共有48个音素，包括20个元音和28个辅音。

元音　发音时声带振动，气流在通道上不受阻碍的是元音。发元音时，舌各部位的高低不同，唇形不同，我们可以据此区别元音和掌握发音要领。

辅音　不论声带振动与否，气流在通道上受到这种或那种阻碍的都是辅音。辅音按形成阻碍的器官部位分类，可以分成唇音、齿音、舌音等。按阻碍方式分类，又可以分为爆破音、摩擦音、破擦音、舌边音和鼻音等。根据这些特点，我们可以掌握发音要领，对它们进行区别和分类。

发音时声带振动的是浊辅音，声带不振动的是清辅音。

（2）音节

说话时最小的语音片断，通常音节是由一个元音加上一个或几个辅音构成。但是，单独一个元音也能形成一个音节。一些响亮辅音也能和它前面的辅音在没有元音的情况下构成一个音节。

开音节　以发音的元音字母结尾的音节，例如 be, me 和以辅音字母（r 除外）+ 不发音的 e 结尾的音节，如 made。

闭音节　以一个或几个辅音字母（r 除外）结尾，而其中只有一个元音字母的音节，如 it, pen, task。

重读音节　在双元音和重读音节词中，有一个音节读得特别重而强，（其余音节相对轻而弱），这个音节叫重读音节。如 window 一词中的两个音节中，第一个音节就是重读音节。

非重读音节　在双音节和多音节词中，除去重读音节的那些音节叫非重读音节。如在 window 的两个音节中，第二个音节是非重读音节。

失去爆破　两个爆破音相邻，第一个爆破音不发生爆破，只由有关发音器官做好这个音的发音姿势，稍停随即发出后面的爆破音，称为失去爆破。如 notebook 一词中 ['nəutbuk]；当爆破音后面紧跟摩擦音或破擦音时，只发生轻微爆破，如 picture['piktʃə]；当爆破音后紧跟鼻辅音和舌边音时，只发轻微爆破，如 good-morning['gud'mɔːniŋ]

字母组合　两个或两个以上的字母合在一起，有着特定的发音规律，这种语音现象叫字母组合。

如：ee[i：]（两个元音字母的组合只读一个元音）；ar[a：]（元音字母和辅音字母组合，只读一个元音）；igh[ai]（元音字母和辅音字母组合，发音中只有元音）；ass[a：s]（元音字母和辅音字母组合，发音中有元音，也有辅音）。

双元音 由两个元音组成，发音时由一个元音向另一个元音滑动，发音过程中口型有变化；前重后轻，前长后短。如 [ei]，从 [e] 向 [i] 滑动，[e] 响亮清晰、时间长，[i] 轻弱模糊，时间短。

英语词汇基本内容

根据大纲要求，高中毕业生要掌握 2900~3000 个英语单词和词组。同时到高二为止，基本英语语法也已全部出现、学完。为了切实具备大纲要求的知识与能力，为了成功地应试，我们把所学过的知识的重、难点，结合常用与高考出现率原则，对其中某些词汇及语法项目进行归纳讲析，全面把握这些知识可使你的现有英语水平提高一个档次。

2. 高中生应把握的基本词组

英语词汇多以词组形式在应用中出现。下面我们基本归纳出了部分中学所学过的全部动词词组、常用介词短语和其他常用短语。高中生应该掌握的基本词组 678 个，学会可以利用这些词组和短语查缺补漏。把握每个词组的本意，某些外延含义和使用方法，力争做到词法与句法结合、一般规则与惯用法结合。一般知识与难点结合，形成中学英语的知识网络。

在语法知识和常用词语中有 70%~80% 与动词有不同程度的关系，因此可以说：动词是英语语句的核心部分。为了发挥这些词组的功效和自测掌握的数量，我们把它们的译文放在后面。记词组时，建议先中英互译成后使用造句的方法，例如：

add……to…… 把……加在……上

add……up=add up 加起来，计算

be made into 可以制成……

be made in 在……地方 / 在……时间制作

be made from（看不出原材料）由……制成

be made of 由……制成，由……建成（be built of）

be made out of 由……制成，由……改制成

be made up of/ consist of/ be composed of 由……组成

impress sb（with sth）=make/ leave a……impression on…… 给某人留下印象

be impressed with/ by 对……印象深刻

have/ get a…… impression of 对某人/物的印象……

impress sth on/ upon sb（one's mind/ one's memory） 使某人铭记

consider doing 考虑干……

consider what to do/ how to do it 考虑怎么办

consider sb to be（as）…… 认为某人是……

for sure/ for certain　肯定地

make sure/ certain of（about）查明，弄明白

Make sure/ certain that 自信……

be sure/ certain to do……　一定会

to be sure 肯定，当然；look for　寻找；

look after 照顾

look forward to sth　期待某事；look forward to doing sth　期待着做某事

agree with sb 同意某人的意见；agree to do sth 同意做某事

fight for freedom 为自由而斗争；没有……的

be free from 不受……影响

react with…… 与……发生反应；　　react to 对……做出反应

react on/ upon …… 对……产生影响；　react against 反抗，抵抗

in all 总共；above all　首要的是

after all　毕竟，终究；　　first of all　首先

at all　竟然，终于，的确

3. 构词常识

要使词汇量像滚雪球似的不断扩大，最好的方法是掌握一定的构词法规律。除了合成词、转化词外，派生词也是学生易错的和考查比较多的。

加后缀 -er, -est, -ian, -ist, -ment, -ness, -or, -tion 等生成名词，加 -al, -an, -ern, -ful, -ble, -ish, -ive, -less 等生成形容词，加 -fy, -ize 等生成动词，加 -ly, -ward（s）等生成副词，加 -teen, -ty, -th 生成数词；

加前缀 dis-（否定）, en-（使可能）, in-（il-, im-, ir-）（不、非）, inter-（相互，之间）, mis-（误）, re-（重复，再）, tele-（远程）, un-（不）

（1）易错的数词：

one—once—first—eleven—eleventh

two—twice—second—twelve—twelfth—twenty—twentieth

three—third—thirteen—thirteenth—thirty—thirtieth

four—fourth—fourteen—fourteenth—forty—fortieth

nine—ninth—nineteen—nineteenth—ninety—ninetieth

（2）ly 结尾的词性

说 ly 结尾的词是副词，一般指的是形容词后面加 ly 构成的副词。这类副词的含义

与其相应的形容词的含义基本相同，主要用作状语，这些副词通常被称作方式副词。

例如：happy—happily　　brave—bravely
bad—badly　　　　　beautiful—beautifully
anxious—anxiously　　sad—sadly
warm—warmly　　　sudden—suddenly
proud—proudly　　　careful—carefully

其实，有很多英语单词原来的结尾就是 ly。它们的词类可以是名词，动词，形容词，副词。

例如：意大利（名词）Italy　　　苍蝇（名词）fly
飞翔（动词）fly　　　　早（形容副词）early
唯一的（形容词）only　　仅仅（副词）only

另外，有些形容词本身就可以作副词，加 ly 后构成的副词的含义与其相应的形容词或副词的含义不大相同。

例如：高度—高度地　　　　high—highly
深的—深刻地　　　　deep—deeply
近—差不多　　　　　near—nearly
恰好—公正地　　　　just—justly

还有一些形容词是由名词，形容词，或月、日、年加 ly 构成的，使用时要注意。

例如：朋友—友好的　　　　friend—friendly
命令—有秩序的　　　order—orderly
病—多病的　　　　　sick-sickly
月—每月的，按月的　month—monthly
父亲—慈父般的　　　father—fatherly
爱—可爱的　　　　　love—lovely
像的—很可能的　　　like—likely

（3）形式上像复数/单数，意思上是单数/复数的名词

有些名词形式上像复数，其实是单数。如：news 消息, a series 一系列, a means 一种方法, crossroads 十字路口, physics 物理, headquarters 司令部, politics 政治, mathematics 数学等。

a. Here is the news.　下面播送新闻。

b. There is a crossroads near the cinema.　在电影院旁边有一个十字路口。

c. Physics is one of the most interesting subjects.　物理是最有趣味的科目之一。

有些名词形式上像单数其实是复数。如 police 警察, people 人们, cattle 牛, youth 青年等。

a. The police are standing in the middle of the street. 警察正站在路中间。

b. The Chinese people are a brave people. 中国人民是勇敢的民族。

c. The cattle are running on the grass. 牛正在草地上跑。

（4）单复数形式相同的名词

常见的单复数形式相同的名词有：deer 鹿，sheep 绵羊，Chinese 中国人，Japanese 日本人，means 方法，works 工厂，series 系列等。

a. That man is a Chinese. 那个人是一个中国人。

b. Many deer are grazing with a sheep. 许多鹿正在同一只绵羊一起吃草。

4. 常用词语辨析

一般来讲，英语词汇教学中存在诸多近义词，而这些近义词辨析不清是学生中普遍存在的问题，这往往导致日常交际或书面表达的困惑或失误。下面就常用的近义词的区别进行举例说明：

（1）say，speak，talk，tell

say 指用语言表达思想，侧重说出的内容，说的话。如

a. Be polite and say "Please" and "Thank you".

b. "Good—bye, my friends!" he said to them all.

c. He said that his friend's name was Smith.

speak 与 talk 词义相近，有时可互换使用。但 speak 多用于"操某种语言"，而 talk 多有"互相交谈"之意。如：

a. I'll speak/talk to him about the matter.

b. I spoke/talked with them for an hour.

tell 意即"告诉，讲述，说；让……干什么，区分，辨别"。

a. Please tell us something about your school.

b. Tell me the truth!

c. Mother told me not to go there.

（2）take，bring，carry，fetch，get

这几个词都有拿、带、带到的意味，但各有侧重点。

take 多强调"拿走，带走，带去"。如：

a. Please take the letters to the post.

b. Shall I take your message to her?

bring 多有"拿来、带来"之意。如

a. Don't forget to bring your dictionary tomorrow.

b. The soldiers came back bringing ten prisoners.

c. Take this empty box away and bring me a full one.

fetch 含有取来，接来之意。如：Fetch a doctor at once.

get 含义广泛，意义颇多。其中有"取"之义，但多用于口语。如：Go and get your notebook.

carry 有将（人、信息、物）由甲地运送至乙地之义，但多强调"手提、肩扛、载运"之义。如：

a. She was carrying the baby in her arms.

b. He carried the news to everyone in the village.

c. Please carry the desk upstairs.

（3）wound，hurt，injure，damage，spoil

wound（伤，伤害）：多指受刀、剑、枪、炮之伤或精神、荣誉上的重大伤害。例如：

a. Ten soldiers were killed and thirty wounded. 三十名战士负伤，十名阵亡。

b. He felt wounded in his honour. 他感到声誉上受到重大伤害。

c. Her words wounded him deeply. 她的话深深地伤害了他。

hurt（伤，伤害）多强调痛苦、疼感，是最常用的词。大、小伤均可，精神上、肉体上的伤均可。例如：

a. He hurt his foot by jumping over a fence. 他在跳过一个篱笆时伤了脚。

b. His words hurt me. 他的话刺痛了我。

c. My feet still hurt. 我的双脚一直在疼。

injure 与 hurt 同义，但不如 hurt 通俗常用，injure 强调未复原的现状。

例如：a. She was injured when she cut the meat. 她切肉的时候受伤了。

b. He was injured in an accident. 他在一次事故中受伤了。

c. The rumor（谣言）injured his pride. 这个谣言损害了他的名誉。

d. damage（损害、损坏）多指由于伤损而造成"价值"上的损害。

例如：a. Fires caused by the California Earthquake did the most damage.
加利福尼亚地震引发的火灾损失最大。

b. All my furniture was damaged by the fire.
我所有的家具都被这场火损坏了。

c. A lot of houses and the crops were greatly damaged by the flood.
大水使不少的房屋和庄稼受到损害。

spoil（损害、破坏）多指破坏了原来的质量、结构、打算、安排，致使某物
无用或某事不令人满意了。

例如：a. The bad weather spoilt our holidays. 坏天气破坏了我们的假期。

b. There's a lot of fruit spoilt by insects. 这里有不少被昆虫咬坏的水果。

c. Don't spoil your appetite by eating sweet just before dinner.

不要在晚餐前吃甜食来破坏食欲。

英语语法基本内容

5. 时态应用中要注意的几个问题

（1）一般现在时要注意的是：在有时间、条件、方式、让步等状语从句的复合句中，当主句是将来时态时，从句要用一般现在时表示将来时。例如：

a. I'll go there with you if my mother lets me.

b. They'll be so happy when I tell them the good news.

c. Next time I'll do as he says.

d. Even if it rains tomorrow, the sport meet will take place.

注意：条件状语从句中用 will 时则表示"决心""意愿"。will 是情态动词，因而不变；当说话人强调从句中动作的完成与后果时，要用现在完成时态。

一般过去时要注意的是：当主句是过去将来时，在时间、条件、方式、让步状语从句中用一般过去时表示过去将来时。例如：

a. She told me that she would not leave until I came back.

b. He said he would not go with us if it rained.

要记住："used to+ 动词原形"或 "would+ 动词原形"均可表示过去经常反复发生的动作。例如：

a. I used to swim in winter, when 1 was young.

b. Sometimes he would go to his study and work there till two or three o'clock next morning.

一般将来时要注意：一般将来时态除由助动词 will(shall) 加动词原形的构成形式外，还有 be going to+ 动词原形和 be to+ 动词原形。"be going to+ 动词原形"表示已经决定或安排要做的事，还可表示必然或发生可能性极大的事。例如：

a. They are going to meet him at six this evening.

b. It's going to rain(snow).

"be to+ 原形动词"的内涵较多。如表示约定、计划、有责任和义务要求即将发生的行为，以及注定要发生的动作。例如：

a. The sport meet is to take place on Sunday.（计划、安排）

b. We are to meet at the station at four this afternoon.（约定）

c. All these things are to be answered for.（注定发生）

d. You are to be back by nine o'clock.（要求）

（2）现在进行时使用时要注意：表示现阶段正在进行的动作。进行时的动作不一定非在讲话时现在进行。例如：

a. The population of the earth is increasing very fast.

b. I came to Beijing last week. I am attending a meeting here.

在时间、条件等状语从句中代替将来进行时。例如：

If I am sleeping when he comes, wake me up, please.

此外，位移动词可用现在进行时表示将来时。这样的动词有 come, go, start, leave 等。例如：

They are moving to the new house next week.

当与 always，forever，constantly 等副词连用时，现在进行时还可代替一般现在时，使句义更生动地表达说话人的某种感情。例如：

a. You are always forgetting the important thinking.（批评）

b. He is constantly thinking of how he could do more for others.（表扬）

c. Why are you always talking nonsense?（厌烦）

d. She is forever displeasing people.（谴责）

（3）现在完成时要注意的是：首先明确一下瞬间（短暂，不能延续）动词在现在完成时态上的使用问题。除句子有表示一段时间的 for 短语或 since 短语（或从句）的外，瞬间动词可以有现在完成时态。例如：

a. He has left home.（正）

b. He has left home for a month.（误）

c. My brother has joined the army.（正）

总之，现在完成时可以表达瞬间动作"已经做了"或"还没有做"，只是不能表达"做了多久"。

其次，如果现在完成时的谓语动词是瞬间动词的否定式，则通常可以和表示一段时间的 for 短语等连用。原因是动词的否定已构成一种"没有干……"的状态。这种状态是可以持续存在的。例如：

a. He has not left home for a month.（表示"足不出户"这一状态）

b. I haven't seen you for a few days.（表示"少见"这一状态）

6. 主谓一致的问题

英语句子中的谓语动词必须和作主语的名词或代词等在人称和数上保持一致，我们称之为主谓一致原则。就是说，英语句子中主语和谓语应遵循语法一致、概念一致和就近一致等原则。

（1）语法一致

主语是天气、时间、距离、钱、数字等内容时，一般现在时动词用第三人称单数；主语是 each of, either of 和 neither of 结构时谓语动词用单数；动名词、不定式或主语从句作主语时谓语动词用单数。

（2）概念一致原则

表示群体的名词（如 family, class, team）做主语时，谓语动词用单数或复数（应具体分析：表示单位、整体概念时用单数，表示成员时用复数）；带有百分数和分数的名词短语做主语时，谓语动词数的选择要看名词的类型；修饰主语的短语不影响主语的单复数，动词仍按主语进行判断；含有不定代词的名词短语做主语时，谓语动词的选择要看名词的类型而定。

（3）就近原则

在 there be 句型中；在 where 引导的倒装句中；在一个句子中的两个主语由 or, either……or, neither……nor, not only……but also 连接时，动词应与近邻的主语一致；有 each, every, more than one, many a 修饰主语时，主语算单数。

掌握了这些规则并注意思考问题，主谓一致的问题就不难解决了。

7. 虚拟语气的几个问题

要明确虚拟语气不只是表达"假设"与"空想"。它还可以用来表达"猜测""建议"；表示说话人谦虚、客气、有礼貌，是一种委婉的语气。例如：

a. If I had seen her yesterday, I should have spoken to her; but I did not see her.（假设）

b. He suggested that we should come another day.（建议）

c. I wish(that)I knew French.（But in fact I don't know French.）（愿望）

d. Could you tell me the way to the station?（有礼貌）

8. 非谓语动词的几个问题

非谓语动词（有的语法书中称之为非限定动词）除不能单独在句子中作谓语外，其他句子成分几乎都能充当，因此是非常积极、常用的"词类"。但由于它们种类多（不定式、现在分词、过去分词、动名词）、变化多、（有时态"式"的变化，有语态的变化），所以在实际掌握、运用上，难于把握。

（1）几种非谓动词的本质特点：

不定式：动词的性质最强。它表示的是"动作、行为"，常有"一次性"，或"将来（要发生的）动作"等特色。

动名词：虽然有动词的性质、搭配要求，但名词的性质已十分明显，可称之为具有动词特性的名词。

现在分词：动词的特性、性质强。但它多表示正在进行中的动作、行为。

过去分词：动词的特性、性质强，它多表示：动作是"被动的""完成了的"（及物动词的过去分词），或只表动作的完成（不及物动词的过去分词）；不少过去分词已形容词化了，表性质、特征。

现在分词与动名词的区别与用法：现在分词与动名词因其词形一样，所以统称之动词的 -ing 形式。但由于它们的句法作用和词性上的差别，所以语法上把它们细分为现在分词与动名词。

句法上的区别：作主语和宾语的一律叫动名词；

性质上的区别：-ing 动词都可以作定语和表语。区分它们的原则是动名词与现在分词在词的性质上不同，作定语时：现在分词表示它所修饰名词的动作，二者有逻辑上的主谓关系（可以改成句子）；可以置于被修饰词之前或之后。动名词作定语通常表示它所修饰的名词的用途（可以改成 for 短语），二者不存在逻辑上的主谓关系；它一般只能置于被修饰词之前。

第二章 高中英语高效课堂教学模式

第一节 英语学科课堂教学主要模式

一、课堂教学模式概念与特点

课堂教学模式是教学论发展中的一个新的研究课题,从 1972 年乔伊斯和韦尔发表《教学模式》专著起,教学模式的研究已经被越来越多的学者和专家关注。而了解教学模式的历史发展有助于人们对当代各种教学模式的理解,有助于人们把握教学模式的发展趋势。

(一)课堂教学模式概念

新课标下的英语课堂教学,对教师提出了更高的要求。单纯地讲解理论知识或讲解解题方法的教学模式已经不能满足学生的要求,这就需要教师对课堂教学进行创新,以发挥学生的主体性为立足点,对教学语言、教学设计进行全方位的改良,建立和谐的师生关系,发挥好引路人的作用。创新英语教学模式对于很多教师来说都是具有一定难度的,教师需要考量多种因素,避免教学偏离正常轨道。高中英语教师在教学中要积极应用新理念,注重对学生学习积极性、创造性的激发,注重提高学生学习兴趣,对教学模式进行创新改革。新的教学模式应在教学中体现出对学生差异性、实践性的重视,体现出对多样性、合作性及开放性的关注。新的高中英语教学模式应体现出课程的创新,在目标上追求学生的素质培养,在内容上追求生活化和现代化,重视教学及学习过程的实践特征。

"模式"一词是英文 model 的汉译名词。model 还可译为"模型""范式""典型"等。"模式"一词是现代科学技术中的一个术语,指介于经验与理论之间的一种知识系统,是"再现现实的一种理论性地简化了的形式"。把模式概念引入教育学理论中来,反映了现代教学论研究的一种新的发展趋势,即运用现代科学方法论,综合地探讨教学过程中各种变量间的相互作用及其多样化的表现形式,动态地研究教学流程中各个环节的构成样式及其具体的操作程序。将模式一词最先引入教学领域,并加以系统研究的人,当推美国的乔伊斯和韦尔。

教学模式一词，现已被广泛使用，但关于它的界说、它的内涵却有着各种各样的解释，概括起来可以分为四种。第一种认为教学模式属于教学方法范畴，有人说教学模式就是教学方法，也有人说"常规的教学方法俗称小方法，教学模式属于大方法"。第二种把教学模式归入教学程序之内，认为"教学模式是教学过程中一种相对稳定的教学程序，即教学工作应当遵循的步骤"。第三种认为教学模式与教学结构的概念有关，如有人说"教学模式是在一定的教学思想和教学理论指导下在实践中形成的教学活动的基本结构"。有人则说"教学模式是在一定的教学思想指导下，围绕着某一主题及其涉及的各种因素和关系，对教学结构进行组合的方式"。第四种观点以乔伊斯为代表，认为"教学模式，是构成课程和课业，选择教材、提示教师活动的一种范型或计划"。

上述几种观点，反映的仅是教学模式的不同侧面，而没有反映出它的本质。持"教学方法"说者，是将教学模式简化了，教学模式包含了教学方法，但绝不是一般意义上的方法，也不是各种教学方法的综合。持"程序"说者和"结构"说者，仅是将教学模式纳入教学过程和教学结构的范畴，也非严格的科学定义。而范型或计划，指的只是教学模式的外在表现形式，并不能说明其内涵特征。

从总体上分析，教学活动的构成可以分为静态与动态两大部分。其静态结构主要是教师、学生、教学内容三个基本要素在教学活动中的地位、作用与相互作用。其动态结构则是教学流程中的组织方式与程序安排。任何一个教学活动的静态和动态结构形式，总是在一定的教学理论指导下，依据一定的教学目标构建的。由于教学理论或教学目标的不同，教学过程中诸要素的组合样式、教学程序的结构方式及实施方法也不同。教学模式就是在一定的教学理论或教学思想指导下，通过教学实践抽象概括而形成的一种教学体系。它既不是纯粹的教学理论，也不是具体的教学方法，而是理论与实践的结晶，是把一定的理论转化为实践，又把实践提升为理论的中介桥梁。从本质上看，它属于教学方法论范畴。

（二）课堂教学模式特点

课堂教学模式是教学活动的基本结构，每个教师在教学工作中都在自觉不自觉地按照一定的教学模式进行教学，了解课堂教学模式的特征和结构，有助于教师在教学过程中更好地运用。

1.形成性特点

课堂教学模式之所以引起广泛的重视并提出了积极革新的要求是因为它具有这样的一些特点：一是它的直观性，它可以通过图像或象征性的符号来反映它的基本特性，从而在人们头脑中形成一个比抽象理论要具体一些的框架；二是它的近似性，教学模式总是从某种特定的角度、立场和侧面来揭示教学的规律，反映教学实际；三是它的假设性，它具有一定的推理和猜想的成分，因而就具有一定的预测作用；四是它的完整性，它总是比较完整地反映一种教学的结构。各种教学模式实际上就是各种特定的相对完整的教育系统。

2. 功能性特点

教学模式作为一个完整的功能系统，有其同别的系统相区别的特征。这些特征是：（1）独特性，这是指教学模式特有的性能，任何一种教学模式，都有其特定的应用目标、条件和范围。如果超越了或不具备其特定的应用目标、条件和范围，就很难产生良好的教学效果。例如，向学生传授系统的书本知识的课一般采用五段教学模式；培养学生自学能力的课，一般则采用活动教学模式。前者侧重于向没有基础知识或基础不扎实的学生灌输系统的书本知识；后者则是偏重于为有基础知识和自修能力的学生，创造一个宽松的自由学习、发散思维的小环境。（2）操作性，这是指任何一种教学模式，都是便于理解、把握和运用的。模式的语义是可供人模仿的样子。教学模式如无操作性的特点，就难以让人模仿、学习、传播、发展和完善应用于实践中去。例如，五段教学模式之所以能延续到今天，是经过几代人的学习、模仿、发展、完善的结果。同时，我们也应该看到教学模式是一套程序，是一个完整的系统。应用教学模式在一定意义上说，就是按照一定的程序和规则从事教学活动。教学模式这个特点揭示了我们在培养师范学生的教育中，应当注意形成他们理解、把握和运用教学模式的能力，以缩短师范毕业生适应教学工作的时间。（3）开放性，这是指教学模式随着教学实践、观念和理论的变化而不断地被发展。虽然教学模式一旦形成，其基本结构保持相对稳定，但是这不意味着教学模式的内部要素和非基本结构不发生变更。一个教学模式刚刚形成时，仅是一个雏形。经过一代人或几代人学习、模仿、应用，必然会发现其不足之处。然后人们根据其在教学实践中获得的新经验、新观念、新理论，逐渐予以弥补和充实，从而使教学模式日趋完善。五段教学模式的发展历史，充分地说明了这一点。赫尔巴特最初提出的四段教学模式，后来他的信徒们又把这四段教学模式中第一阶段分成两步，而逐渐发展成五段教学模式。这对教学理论和教学实践，都产生了巨大的影响。（4）优效性，这是指教学模式特有的优良的效力。这也就是说，一种教学模式在教学实践中应用得当，就会对教学产生积极的作用。从这个意义上说，优效性是对独特性的补充，正如以传授知识为其重要目的的教学模式，它的优效性只能在正确地传授系统的书本知识教学中体现出来是一样的。

3. 稳定性和灵活性

几乎所有关于"教学模式"的定义都要强调指出教学模式应具有相对稳定性，要比较稳定。这是因为教学模式不是从个别、偶然的教学现象中产生出来的，它是对大量教学实践活动的理论概括，在不同程度上提示了教学活动带来的普遍性的规律。而且，从实践的角度看，科学性、普遍性是稳定性的基础。只有具有稳定性，才有可行性，变化无常的东西总是难于把握和施行的。但是，教学模式的稳定性是相对而言的。因为一定的教学模式总是与一定历史时期的社会政治、经济、科学、文化、教育水平相联系，受教育方针、教育目的制约，上述客观条件发生了变化，教学模式也要相应地发生变化。有这样一种说法："教学模式"应"随机而设"，应根据课文性质、内容的不同情况而随时变化教学模式。对此，我们不能苟同。一种具有普遍意义（包括适用于某一学科的教学模式）的教学法模式应涵盖各学科（或某学科整体），也就是说，无论哪个层级的教学模式都应着力体现教学活动的共性，从而在整体上反映教学活动的规律。"随机而设""随机变化"，就难于避免主观随意性，使人们无从遵循，无所适从，以致失掉了教学模式的固有功能，最终导致教学模式的自我否定。强调稳定性，并不意味着对灵活性的排斥，相反，教学模式应保持一定的弹性。这种灵活性，一方面表现为对学科特点的充分关注，另一方面体现为教学法的多样化。由于教学模式中的程序需要起到"普遍参照"的作用，因此一般情况下教学程序不涉及具体的科学内容，而只对教学内容的性质提出特定的要求。当然，不涉及的并非不相干。教学模式作为某种教学理论或思想在教学活动中的具体表现形式应受到学科特点、教学法内容的影响和制约，不能不考虑对学科特点、教学内容的主动适应，这一问题可归入教学模式"学科化"的范畴去解决，教学法模式宏观的相对稳定性和微观的灵活性，体现了共性和个性的统一。教学模式和具体教法密切相关（有时是相应），但二者并不是简单的等同。目标教学的教学模式具有包容性，对多样化的教学法能兼收并蓄，它倡导教学风格的形成和教学个性的发展。

（三）课堂教学模式的基本结构

任何教学模式都有其内在的结构。教学模式的结构是由教学模式所包含的诸因素有规律地构成的系统，完整的教学模式一般包括以下几方面的要素：

1. 理论依据

教学模式是一定的教学理论或教学思想的反映，是一定理论指导下的教学行为规范。不同的教育观往往提出不同的教学模式。比如，概念获得模式和先行组织模式的理论依据是认知心理学的学习理论，而情境陶冶模式的理论依据则是人的有意识的心理活动与无意识的心理活动、理智与情感活动在认知中的统一。

2. 教学目标

任何教学模式都指向和完成一定的教学目标，在教学模式的结构中教学目标处于核心地位，并对构成教学模式的其他因素起着制约作用，它决定着教学模式的操作程序和师生在教学活动中的组合关系，也是教学评价的标准和尺度。教学模式与教学目标的这种极强的内在统一性，决定了不同教学模式的个性。不同教学模式是为完成一定的教学目标服务的。

3. 操作程序

每一种教学模式都有其特定的逻辑步骤和操作程序,它规定了在教学活动中师生先做什么、后做什么,各步骤应当完成的任务。

4. 实现条件

实现条件是指能使教学模式发挥效力的各种条件因素,如教师、学生、教学内容、教学手段、教学环境、教学时间等。

5. 教学评价

教学评价是指各种教学模式所特有的完成教学任务,达到教学目标的评价方法和标准等。由于不同教学模式所要完成的教学任务和达到的教学目的不同,使用的程序和条件不同,当然其评价的方法和标准也有所不同。

二、英语课堂教学主要模式

(一)任务教学模式

1. 基本含义

《普通高中英语课程标准》倡导教师在课堂教学中采用任务教学模式,把综合语言运用能力的培养落实在教学过程中,让学生在教师的指导下,通过实践、体验、感知、参与和合作学习的方式,逐步达到教学目标规定的要求。任务型英语教学(Task—based English teaching)是20世纪80年代在交际教学法研究和实践的基础上兴起的以任务为中心的英语教学法。它把语言运用的基本理念转化为具有实践意义的课堂教学方式。它要求教师根据教学目标和教学内容设计多种、多层次的任务,创设真实自然的语言学习环境,并指导学生通过感知、实践、参与和合作等方式完成任务,感受成功。在完成任务的过程中,作为课堂主体的学生,通过生生、师生之间的多边互动,进行有意义的讨论和交流,用做事来学习和使用英语,从而提高自身综合语言运用、自主学习和探究的能力。"在做中学"或者"用语言做事"是任务型英语教学的核心,它注重信息沟通,强调语言的实际运用,体现了语言教学的交际本质。

2. 理论依据

任务教学法的核心是"以学习者为中心"和"以人为本",其理论基础是"输入与互动假设"(input and interaction hypothesis)。任务型教学就是指根据现实生活中的交际制定语言学习任务,由学生围绕这一任务制订计划,并通过自己的努力去实现计划、完成任务,而且在这一过程中不断评估自己的学习。任务型教学是通过语言(外语)学习者在课堂上完成任务来进行教学。它的合理性和可行性首先来自Krashen第二语言习得理论中的"输入假设"。Krashen区分出了两个语言学习概念:学习和习得,学习是通过教学有意识地学得语言;而习得则是通过交际无意识地接触语言系统而掌握语言。Krashen 强调，掌握语言大多是在交流活动中使用语言的结果，而不是单纯训练语言技能和学习语言知识的结果。Krashen 认为：学生掌握语言必须通过"可理解的输入"（comprehensible input）。假如输入在一定限度上超出个人的现有水平，习得就自然而然地产生。Long 比 Krashen 更重视输入如何被理解。他指出，语言必须通过"对话性互动"（conversational interaction）才能习得，而语言习得不可缺少的机制是"变化性互动"（modified interaction）。变化性互动可使输入成为可理解性的；可理解性的输入有利于语言习得。因此变化性互动有利于语言习得。根据上述理论，外语课堂教学应包括"变化性互动"的各项活动，即任务。学生在完成任务的过程中，进行对话性互动，进而语言习得。

3. 基本结构

Jane Willis1996 年提出的"任务型学习"（Task—Based Learning）强调了学习的主体性。任务教学法把我们在教学常规中所使用的 PPP（presentation-practice-production）模式颠倒了过来，改变了 PPP 模式中 tasks 通常被认为是体现在最后一个 P（Production）中的延伸式练习，用来巩固所学语法结构、语言功能或词汇的方法。在 TBL 模式中，学生们以完成任务的活动开始学习。在任务完成后，教师再把学生的注意力引到任务型学习活动中所使用的语言上来，并对学生使用语言的表现做一些适当的纠正和调整。Jane Willis 把任务型学习模式分为三个阶段：任务前的介绍（Pre—task）：Introduction to the topic and task；完成任务的活动（Task—cycle）：Task planning and report；语言讲解（Language focus）：Analysis and practice．其中，完成任务的活动（Task—cycle）是核心部分，任务的设计是实施"任务型"教学的前提条件。教师要从学生"学"的角度来设计教学活动，不把主要的精力放在语言和材料的呈现上，而要强调学习活动的真实性。

4. 模式特点

任务型教学是交际语言教学的课程模式之一，是众多交际教学大纲模式中最强调语言教师和语言学习者自主性的新型教学模式。任务型教学模式区别于其他交际语言教学模式最根本的特点就是它更强调采用具有明确目标的"任务"来帮助语言学习者更主动地学习和运用语言。任务型教学模式的另一特点是教师在教学中的作用发生了很大的变化，他们在语言教学过程中，尤其是在课程设计中，将起到越来越重要的独立作用。教师应能根据自己对语言、语言学习和语言教学的理解及学生的语言需要和能力设计教学任务，并能根据学生完成任务的情况调整教学设计。作为一种教学法，它具有结构性。任务型教学至少须具备以下特点：

（1）任务的真实性 任务活动将语言材料放入真实或拟真实的情境，让学生置身于贴近生活的语境中，激发参与欲望，从而培养学生的语言实践能力。

（2）任务的互动合作性 任务的完成必须依赖于参与者的互动、合作与交流。学生通过 pair-work，group-work 等活动，学习和使用语言，完成学习任务，达到学以致用的目的。

（3）任务的可操作性 任务的目标须明确，学习者应知道任务所要达到的结果，然后以自己的方式探索解决问题、完成任务的方法，发展思维能力。

（4）学生的主体性 在英语教学中教师与学生的关系应为：教师为主导，学生为主体，学生在教师的指导下积极主动学习，教师在教学中尊重、相信学生，把学习的主动权交给学生，充分调动学生学习的自主性、能动性和创造性。

（5）课内外相结合 任务型教学不应仅限于课内，还应延伸到课外的学习和活动中，鼓励学生大胆创新，发展学生用英语解决实际问题的能力。

5. 设计原则

（1）活动要有明确的目的并具有可操作性，在确定每节课教学任务时，要避免笼统地讲培养学生具备某种能力，应把它落实到与本课教学内容相关的具体要求或某项技能上来。有了明确具体的目标，才能增强教学的针对性，使教学任务落到实处。教学目标在表述上要尽量行为化，具有外显性和可见性，使师生双方都知道教什么、学什么和怎样教、怎样学，这样的教学任务就具有可操作性。

（2）活动要以学生的生活经验和兴趣为出发点，内容和方式要尽量真实，真实生活任务源自真实生活，教师可以直接从真实生活中选择适合在课堂上开展的真实任务进行语言教学。活动的选材应与学生的年龄特征、认知结构、生活经验等紧紧地联系在一起，结合教学内容，创造性地设计贴近学生生活、学习经历和社会实际的任务活动，这样，能引起学生的共鸣，并激发学生参与的积极性，使学生有事可做、有话可说。

（3）活动的设计要难度适当，给予学生成功的机会。教师设计活动时，必须考虑任务的难度、内容的长度、信息的密度、生词的数量、学生对相关背景知识的理解程度、学生的智力差异、学生的兴趣及学生已有的学习经验等。教师必须根据教学内容设计适合学生水平的任务，要让学生有事可做、有话可说，并让学生感受到"我能做，我会做"。对于低、中、高不同年级的学生，教师更要把握好任务的形式、内容和难度。比如：同样的话题"food"要求低年级的学生能进行简单的交流，相互了解对方所喜欢的食物；要求中高年级的学生能说出喜欢某种食物的原因。

（4）活动要以教师为主导和学生为主体，在任务型课堂上，教师不再处于独占讲台的静态格局，不再单一方向地向学生"灌输"教学，而是教学过程的设计者、组织者、指导者。这就要求教师在教学过程中，眼观四面、耳听八方，朝着既定的训练目标，根据学生的反馈信息，随时对教学进行评价和调控，再把信息反馈给学生，促使学生的自我评价和调节。教师设计任务时，要充分了解学生的兴趣、爱好、特长和学习能力，仔细考虑学生的需要和能力。任务范围要广泛，活动要多样，使不同类型的学生在完成任务的过程中有机会自主选择，决定学习的最佳时机、内容及学习方式。

（5）设置语境，努力营造跨文化交际氛围，语境只是用英语进行听、说、读、写交际活动的社会环境。任何有意义的语言交际活动都是在特定的语境中进行的；因此，教师设计任务时要利用多种语言或非语言形式和手段创设语境使学生在一种自然、真实或模拟真实的语境中学习语言，这样就可以使学生直接感受语言的交际用途，把语言的学习和运用有机地结合起来。

任务型教学模式以各种形式的任务，在使学生的语言能力得到充分发展的同时，思维能力、主体性、跨文化交际能力等也得到了有效的培养。教师在实施任务型教学的时候，一定要以意义为中心，而不是以操练某种意义不大，甚至毫无意义的语言形式为目的。任务的焦点是解决某一交际问题，而这一问题应是具体的、贴近学生生活、学习经历和社会实际的，能引起学生的共鸣和兴趣，激发学生积极参与的欲望。任务的设计和执行应注意任务的完成，即交际问题的解决。总之，一切活动都以培养学生的英语交际能力为目的。这也是任务型教学的中心任务。

（二）情境教学模式

1. 基本含义

著名教育家陶行知先生说："教学艺术就在于设法引起学生的兴趣，有了兴趣就能用全部精力去做事情。"情境教学就是指教师依据一定的教学内容借助于形象生动的物理情境和人文情境，激起学习者的学习兴趣和主动参与性，从而达到最佳的教学效果的教学方法。正如布卢姆所说："成功的外语课堂教学应当在课堂内创设更多的情境，让学生有机会运用已学到的语言材料。"在英语教学过程中，教师运用情境教学方法，能有效调动学生的思维，学生会探索、会学习、会运用英语。情境教学法已成为现代英语教学常用的教学方法。

2. 理论依据

（1）直观教学 心理学研究认为新颖的、活动的、直观形象的刺激物，最容易引起人大脑皮层有关部位的兴奋，形成优势的兴奋灶。夸美纽斯在《大教学论》中明确指出："一切知识都是从感官开始的，在可能的范围内，一切事物应尽量放在感官的跟前，一切看得见的事物应尽量放在视官的跟前，一切听得见的事物应尽量放在听官的跟前，人的感官是知识的入口处，也是人类获取知识的唯一途径，从生动的直观到抽象的思维是人类认识发展的基本规律"。人对表象信号易于接受，这种心理学感官原理的理论应用于英语教学实践，是直观教学。情境教学最直接地体现直观教学原理，教师有目的地引入或创设情景，刺激学生的视觉和听觉感官，让学生感知、理解、运用所学知识，使抽象的知识具体化，减少掌握抽象概念困难，缩短认知的时间，从而提高学习效率。

（2）情境教学 自 20 世纪 80 年代末以来，情境认知已成为一种能提供有意义学习并促进知识向真实生活情境转化的重要学习理论，外语情境认知强调将外语知识视作工具并通过真实情境的活动和社会性互动促进外语学习者对所学语言的适应。我国外语教学曾长期存在"哑巴英语""聋子英语"的现象，学习者在特定的场景不能表达或听懂所学的外语；但是，人们在母语的日常交际语境中，通常能以惊人的速度成功学习语言。语言的词语和句子不是孤立的，它们总是存在于一定的交际场合和说话情境中。外语学习者在外语听力训练过程中，经常出现某些词听起来非常熟悉，但不能将其语义整合到具体的语境中的情况，其中的原因之一是他们所学的外语脱离具体的情境。情境认知理论认为，学习者只有在丰富的语言情境下，发挥主体功能，实际运用语言，才能获得良好的学习效果，而脱离情境的学习是无效果的学习。因此让学习者尽可能多地暴露在语言知识语境中，且慢慢增加语言的输入量，学生才会很自然地提高语言的输出能力。

（3）寓教于乐 寓教于乐一直是教学中提倡的主要教学方法。情境教学首先强调一个"情"字，以情感人，以情育人。古希腊教育"不仅有完美和谐的相互平衡的直觉和抽象，而且科学也不与哲学、文学和艺术相互疏远。所有的文化活动都接近人类的精神和情感"。中国孔子有"知之者不如好之者，好之者不如乐之者"，"兴于诗，立于礼，成于乐"。

心理学研究表明：人的情感具有两极性，它总是趋向于热爱和肯定的事物而避开厌恶否定的事物。情境教学中创设情境就是引导学生"乐学"，通过情境调动学生健康的情感体验，唤起学生学习的愉悦，促使学生以学为乐。学习活动成为学生主动进行的快乐的事情。因此，当代情境教学扎根于现代人的真实的生活背景中，具有时代的知识性和现实性。

（4）合作学习 合作学习是一种在教学上最大限度地运用小组合作活动，提高学习成效的教学方法。公元1世纪古罗马的昆体良曾指出，学生可以从互教中受益；18世纪末，英国教育家兰喀斯特和倍尔在英国广泛运用小组合作学习的方式；19世纪末，美国教育家帕克将合作学习的概念引入课堂，创造了一个真正合作、民主的课堂氛围，使之成为当时美国教育的主流。20世纪初，美国教育家约翰·杜威将合作教学法较系统地引入课堂。

合作学习教学法的核心是不同水平的学生在小组或团队中共同努力，为完成共同的任务而进行交流、沟通、合作。合作小组要实现的目标如果离开与他人的合作，单靠个人努力是无法完成的。合作学习教学法为学生提供一个较为轻松的情感环境，减少学生外语学习中的焦虑，调动学生的学习兴趣；同时，它还能充分体现学生在课堂活动中的主体地位，为学生创造了一个有利于提高语言运用能力的时空，提高学生参与课堂交流的积极性，培养学生的合作意识和探究精神，为学生的终身发展打下良好的基础。

3. 基本结构

由于情境是制约语言行为的非语言的外显现实，交际活动必然离不了情境，而交际主要借助语言才能实现，交际活动必然要运用语言的功能。"情境—功能—情境"三段教学法就是让学生在情境阶段接触完整的真实语言，在功能阶段认识语言，又到情境中去运用语言，使学生们"从情境中学来到情境中去用"。有如小孩玩积木，开始观察整体图形，再尝试研究不同的积木在搭成某图形时有什么作用。最后自由选用积木按图或不按图搭成不同的积木实物。所以这个模式被称为"积木教学法"，它由三个阶段组成。

（1）情境感知阶段 教师以各种方式给学生提供反映所学教材的完整情境，帮助学生理解教材内容，但不作任何功能分析或解释，让学生直接观察、分析，但要帮助学生在提供的情境范围内做一些沟通交流，以联旧学新，并建立信心。不过，必要的机械操练仍不可免。还得注意，提供完整的情境并非一定得创设一种实物情境，完整地理解课文情节也是感知情境。

（2）功能分析阶段 这个阶段要对所学语言材料（存在于第一阶段所提供的情境之中）进行分析讲解，再以之操练、练习。在课堂上，学生不可能同时学习处理所有的功能，教师也不能一下子把所有的东西塞给学生。这就需要把整个情境分解为功能项目，然后逐个地进行练习。由于这种练习的作用是完整的，学生就能学到适合不同情境中不同角色的不同的表达方式。这个阶段的重点工作虽是分析、讲解功能，但其活动却不是说教式的分析与讲解，而要通过交际性练习去实现。因此，设置信息沟成了教师的重要工作。如果学生事先知道别人要说些什么，那就没有信息的传递和接受，交际就无从说起。只有存在信息沟，才有信息的交流。

（3）情境变化阶段 这个阶段的教学是要求在不同的情境中使用相同的功能。学生必须更自如地表达自己，更有策略地完成交流沟通任务。不断地组合和重新组合功能项目，使之适应多种多样的具体交际情境，这对于学生将所掌握的东西应用到课堂以外的社会交际活动中去，具有非常重要的作用。

上述三阶段都没提语言结构的教学，实际上三阶段都要进行结构教学：第一阶段，着重感知表达重要情节的语言结构；第二阶段，分析不同功能的表达形式；第三阶段，应用重点结构进行表达。这实质上采用了建构主义的结构搭建原理。

4. 情境创设方法

（1）创设直观情境，化抽象为具体，提高学生的兴趣

布卢纳说过："学习最好的刺激是对所学教材的兴趣"，对学生来说，"兴趣"将直接影响学习效果。因此，教师在课堂上能否调动学生的学习积极性，能否使学生对学习产生浓厚的兴趣，是教学成功的关键。传统的英语教学模式，学生面对的往往是苍白、缺乏图片的教材；课堂上，教师把更多时间花在分析语法、解析生词等方面，忽视了

学生直觉、联想、情感等方面能力的提升。可喜的是，在当今英语课堂教学中，越来越多的老师，能借助实物、幻灯、投影仪、电视教学、计算机多媒体教学途径，为英语教学创设出模拟情境或真实情境。如：现代化的多媒体教学利用多媒体组合，能再现有关对话的时空，做到声像结合，图文并茂，形象直观，更好地吸引学生的注意力，提高学生对语言的学习兴趣，促进他们的观察力和想象力，加深学习的印象，并有利于学生的理解记忆，让一节课有多个兴奋点以激发学生的思维，让学生多维度感知。色彩生动的画面，伴随着纯正地道的发音，学生可以边听、边看、边说，把看到的情景和听到的声音自然地联系起来。在观察的基础上理解和记忆，大大减轻学习上的难度，学生在寓教于乐中获得知识、完成学习任务。

（2）创设问题情境，使学生处于积极活跃的思维状态

爱因斯坦说过："提出问题比解决问题更重要。"所以在英语教学中，教师要不断呈现异彩纷呈的语言问题，给学生提供尽可能多的独立思维的天地，通过具体的实例让学生获得正确的评价、观点、意见或证据等，并做出自己的判断或决定。根据教材的特点，创设问题情境，营造、渲染富有情境的学习氛围，让学生的活动有机地注入知识的学习中。有效的学习过程应是一个思考的过程。只有通过思考，知识才能内化，思维才能得到训练，智力才能得到提高。而思考的欲望与动机又得依靠目标才可得到激发。问题是一种目标，提出一个问题就意味着提出一个以解决该问题为内容的目标。因此，创设问题情境就是向学生提出具体目标，激发思维，使学生处于积极活跃的思维状态，变知识接受为知识吸取，优化教学过程，提高教学效果。

（3）创设趣味情境，体现了"愉快教学"的教学原则

趣味情境是指教师利用一些趣味性的活动和事物来激发学生学习兴趣，让学生在快乐之中掌握知识。"愉快教学"是一种现代的教学原则，核心是在轻松愉快的课堂气氛中获得舒适愉悦的情感体验。英语教学的趣味情境创设方法很多，在高中阶段，可以基于学习内容，设计如：riddle, word puzzle, joke 等小情境，让学生在愉悦的感受中学习语言。

创设合作情境，体现了"以教师为主导，学生为主体"的教学原则

合作学习能培养学生与他人合作的能力，学会与人相处的艺术，也是新课程所倡导的学习方式之一。在英语课堂教学中开展合作学习，充分体现了"以教师为主导，学生为主体"的教学原则，有利于建立新型的师生关系。老师不仅是学生知识的传播者，亦是学生生活中的好伙伴、好朋友，亦师亦友，教学相长。

传统的教育以单一的教学模式授课，学生被动地接受知识，其合作意识很难萌发。开展合作学习的课堂教学，可以改变以往单一的教学模式，形成多边的教学交流，使课堂具有一种宽松、和谐和民主的气氛。这种学习环境能够有效地激发学生积极参加实践的热情，培养他们的参与意识，尤其能消除那些性格胆怯或有自卑感的学生的心

理障碍，使他们享受到成功的喜悦，重拾失落的自信，达到面向全体学生施教的目的。

英语情境教学的创设方法多种多样，其目的都是提高教学效果，达到异曲同工之妙。英语教师只要提高自身的专业水平和现代语言教学理论水平，巧于课堂设计，勤于实践，创设英语教学情境并不难。教学情境创设得体，情境教学运用得当，就能达到最佳的英语课堂教学效果。

（三）整体教学模式

1. 基本含义

《普通高中英语课程标准》确定了整体教学，提出在英语教学中，以培养学生口头和笔头运用英语进行交际为中心，整体综合发展的教学目标和要求。从我国当代英语教学实践看，整体教学是分析性教学的改进，这在20世纪80年代中期以来就开始探索了。因为当时的"听说领先，读写跟上"教学模式把听写与读写、句型与语法、课文与句型分开了，加之广大教师还没从"串讲式教学法"中走出来，以致教学内容往往被肢解，学生在学习中钻牛角尖，见树不见林，结果把零散知识学了一大堆，技能也有，就是难以综合运用。因此，在从知识型教学向能力型教学转轨过程之中，人们探讨了整体教学，其焦点还是在于语言知识与能力的融合，最后还原为整体。这种教学模式，不限于教材处理的整体，更不止于课文教学整体，而是素质培养与语言训练的整体，训练内容与训练方式的整体，综合训练与阶段侧重的整体，以及教的过程与学的过程的整体，学生认识过程与教师认识过程的整体，教、学、练、用的整体，运用能力和基础知识的整体。

2. 理论依据

整体教学之所以取得成效，基本的原理在于三点：第一，英语教学是一个系统，进行整体教学便能发挥 1+1>2 的作用。第二，英语教学既服务于教育，又采用教育作为手段，它作为系统，把许多相关因素如师资培训、研究、管理等统摄于环境要素之中，把文化素质与品德培养也统摄于教学客体和教学主体两要素之中，所有这些相关因素已构成一个整体，分解了就不能还原。第三，语言作为交际的重要工具，它必须与体势语、副语言及社会语境相结合，所以它本身是一个整体。如果单取基础知识、技能或运用能力，将丧失语言的存在，交际也就不可能。

3. 具体类型

整体教学模式有如下具体类型：阶段侧重整体教学模式、分层次整体教学模式和课文整体教学模式。

（1）阶段侧重整体教学模式

由于不同学段的学生有着不同的认知水平和思维能力，在学生学习英语的过程中，阶段目标和阶段要求应该有所侧重。语言学习可按不同阶段各有侧重，训练结果又体现为听、说、读、写的层层要求，从而反映整体教学的特点。这类模式主要借鉴了最近发展区理论和系统论的基本观点。根据系统论的观念，言语四技能统一构成言语整体而又各自成为一个子系统，各有自己的要素，在言语活动中具有相对独立的地位。在交际运用和英语学习中，四技能既互相联系，又可以分别训练。而根据最近发展区理论，学生对四技能的掌握水平不会完全一致，掌握顺序会有先有后，掌握方式也会因教学主体和教学环境之不同而不同。这样，在整体教学中进行阶段侧重就有了可能。

（2）分层次整体教学模式

这是包连吉、于杰、易丽华、吴冬华等人试验的一类教学模式，原名《普通中学层次分组整体教学程式与方法》。其主要意旨是使一个班里上、中、下三种水平的学生都能"吃好、吃饱，学有所得"。这种立意对于改革班级教学之弊端以面向全体学生施教，是值得肯定的。其分层方法引用了复式教学的经验，实施起来比较费事。但这个模式把分层教学看作一种手段，用以大面积提高英语整体教学的水平，培养运用语言能力和自学能力的整体水平，个别学生和全班学生学会学习和乐意学习的整体水平，这是值得注意的。

这类模式的目标取向是根据美国教育家布卢姆的目标分类学理论搭建的。布卢姆认为"当学习转化为一种合作过程，人人都从中受益时，小组学习程序可以是十分有效的。语言学习尤其需要与别人交流，以便在使用中学习"。这类模式按学生的英语实际水平将学生分成A、B、C三组分层次教学，使学生在学习中遇到自己难以解答的问题时，可以互相帮助，同时培养自己的思维能力和表达能力，这样有助于提高他们的自学能力，提高学习的速度和效率，学生之间的距离也会缩短。同时把竞赛机制引入课堂学习，课堂气氛轻松愉快、热烈和谐，还培养了学生用英语进行交际的能力，从而增加了学生的学习信心，调动了他们的学习积极性和主动性，达到了愉快教学的目的，也就会减少两极分化。因此，这类模式实质体现了建构主义的协作学习的要求。

（3）课文整体教学模式

在英语教学中，课文是学习内容的载体，是语言知识、言语技能、思想文化等所依附的皮。在很长的时间里，我们曾把课文当作语文教学里的文章来教，侧重串讲知识，一方面脱离语言实践，另一方面使学生见树不见林，目的语的运用能力得不到提高。其中原因在于英语是学语，而母语课虽名语文，实质是学文，所以整体教学首先是从课文教学开始的。课文整体教学模式也是在高中阶段重要的阅读教学模式之一。

这类模式的实施者认为英语教学是一个整体，按系统论原理，进行英语教学必须着眼整体，才能发挥整体功能。课文是英语教学这个整体的要素之一，因为它是目的语的载体，必然与学生、教学条件等互不可分。而课文本身又是一个整体，从结构看，它是由词、句、段构成的语篇；从内容看，它又是由一定的信息、制约信息的文化（如语用规则）及负载信息的语言表达规律（如语法规则、习语内涵）组成的整体。课文的形式和内容又是不可分的，所以课文教学必须着眼整体。如果从它的组成要素着手，则课文必被肢解，学到的课文也必然是瞎子摸象所理解到的局部，不利于学生掌握课文的中心思想和进行听、说、读、写的综合训练。此外，教学一篇课文又是一个整体，因为课文是在教室里教和学的，这牵涉新旧联系、学生的学习动力、教师的教学水平与技巧、教学环境的变化等因素，必须从教学活动的整体予以处理。这类模式在具体的操作步骤中采纳了建构主义中新旧经验间同化和顺应现象的理论。

概括起来，课文整体教学模式主要是一个"整体（全文）—句段—整体（全文）"三步教学模式，也可称为"合—分—合"模式。这类模式的具体操作程序包括：第一，着眼全篇，根据课文特点，通过 skimming，抓住文章主旨，把握文章整体脉络；第二，句段教学，基于对课文的整体了解，消化局部，捕捉细节，理清各个部分之间的逻辑关系。这个环节，还要适当兼顾语言知识与语言技能；第三，整合全篇句段，教学在一定程度上把课文拆散了，整合全篇则是在了解部件的基础上又把它们组装起来，但整合全篇的目的不只是整合成原来的课文。在这个环节，学生的认知结构对课文同化或顺应，然后进行读后综合训练，如，压缩课文、扩展课文、转述课文及相关话题的深入讨论和写作等。

第二节　英语课堂教学模式应用举例

一、任务教学模式案例

任务教学模式引用了国外的一种先进教学理念。该模式主张学生在课堂上占据主导地位，由教师加以引导和辅助。高中英语读写教学是提高高中生英语阅读能力和写作能力的重要途径。教师在上高中英语读写课时，要引入任务教学法，丰富课堂内容，提高课堂效率，从而真正地提高学生的英语读写能力。

任务教学模式在写作教学中的运用

教学内容：议论文写作教学

教学目标：

1.通过文本比较，引导学生明确议论文的写作要点

2.掌握议论文的结构和议论文写作的基本技巧

3.学会用相关联结词、词组或句型使文章更具逻辑性和连贯性

教学说明：

英语写作是英语学习的四项基本技能之一，是英语教学中不可缺少的环节。本课

采用"任务型"英语教学模式，教师通过设计一系列任务，来培养学生的议论文写作技能和策略。在写作前期，先通过直观的文本比较，使学生对好文章有感性认识；然后通过师生讨论，过渡到对好文章构成要素的理性认识；接着就议论文如何开头、结尾进行讨论小结，引出写作主题。在写作进行期，对文章结构和连贯性进行指导，完成作文。在写作后期，通过互动评价对文本加以修改润色，最终完成写作任务。

【教学实录】

（1）阅读比较，明确写作要点

Teacher: Skim the following two passages. Try to compare them and decide which one is better.

Passage 1

Nowadays nearly all the students have to study for an exam in order to test their marks. But a new kind of way can be chosen by them. It's term paper.

Traditional exams only offer the students about 2 hours. The students who choose term paper have 2 weeks to finish it. The students must have their own interest. It is said, "Internet is the best teacher for students." Internet will make them study more successfully. Look for knowledge can let the thinking of the students wider and righter. The way will be welcomed by the students. They will get a new idea and study hobby and the study will never be hard.

Passage 2

The telephone is now playing an important role in our daily life. Thanks to the invention of the telephone, our voice can be transmitted thousands miles away and distance is no longer a barrier for communication. There's no doubt that it brings us a lot of advantages.

To begin with, the telephone has enabled us to communicate with people conveniently. People can use a telephone to have a chat with their friends or relatives, make an order of goods or book flight tickets. What's more, the use of a telephone in emergencies saves time for rescue. In a sense, it saves lives of people in danger. In addition, there are so many information services on line. With a phone, you can get the information you want immediately.

To conclude, the telephone makes our life more convenient. It has became a necessity of modern life. We can not imagine what the life is like without a telephone.

教师设计了文本阅读比较的小任务，通过直观呈现的方式，使学生在快速阅读的过程中迅速领悟到一篇好议论文的特点。然后通过课堂问答的形式，师生互动讨论好文章的构成要点。

学生快速阅读两篇文章，进行思考…………

Teacher: Which passage do you think is better?

Students：Passage 2.

Teacher: Good. Why?What elements do you think contribute to a good persuasive essay?

Student 1: No grammar mistakes.

Student 2:Have a clear structure.

Student 3:Have a topic paragraph.

（2）集思广益，在头脑风暴中收集常用表达方式

Teacher: Just now we talked about the elements that contribute to a good persuasive essay. Now let's brainstorm the common ways to express our opinions.

Student 1: In my opinion. / From my point of view. / Personally I believe.

Student 2: Definitely I agree. / As far as I'm concerned.

在头脑风暴中最大限度地激活学生的思维，把学习的主动权还给学生。整理小结常用开头和结尾的表达方式，从而达到集思广益的目的。

（板书：In my opinion. / From my point of view. / Personally I believe. / Definitely I agree. / As far as I'm concerned.）

（3）小组讨论，扩展思维，共享信息

Teacher: Now we have a general idea of the ways to start and end a passage. Then how to develop a passage is well worth considering. Now have a quick look at the following topic. Please discuss it in a group of four. Try to collect as many supporting ideas as possible.

近年来，越来越多的中小学要求穿校服，此现象引发了学生的讨论，请写一篇英语短文阐述你的观点。

本任务采用主题联想式的方法进行集思广益。选择"校服"作为写作话题，基于学生生活实际，兼顾学生的认知水平，有利于激发学生写作兴趣，同时，也使学生有话可说。小组讨论，扩大语言信息的输入，激活学生的语言知识。结合板书，进行归纳整理，引导学生理清思路，明确论据。

Teacher: You've had a heated discussion. Now it's time for us to share the ideas. What's your opinion?

Group 1: We are for the school uniforms. The argument is that students don't worry about fashions and parents all pay the same money.

Group 2: We are against the school uniforms. The argument is that uniforms are expensive and very uncomfortable.

Group 3: We have the same opinions as Group 2. The argument is that students in school uniform all look the same, and they can't be individuals.

Group 4: We are for the school uniforms. The argument is that teachers can identify students on school trips.

（板书：arguments for and against school uniforms）

For

Students don't worry about fashions;　　　Parents all pay the same money;

Teachers can identify students on school trips;　Good discipline for students;

The public knows which school you are from.

Against

Uniforms are expensive;　　　Uniforms are uncomfortable;

Students in school uniform all look the same, and they can't be individuals.

Get bored with the same clothes every day.

（4）个体思考，全班交流，集结常用连接词

Teacher: Now you have collected a lot of ideas.Then how can we connect the ideas? Please write down as many connections as possible.

文章的连贯性和衔接性是英语写作的关键。本任务以个体思考、全班交流的方式，表格的形式来呈现常用连接词，强化了对连接词的认识。

顺序关系：To begin with, Second, Third;

Firstly, Secondly, Thirdly;

In the first place, In the second place, Last but not least.

递进关系：In addition, Moreover, Besides, Furthermore, What's more, What's worse, More/most/less importantly.

转折关系：For one thing……for another;

On the one hand……in the other hand;

But, However, (al)though, Nevertheless, Yet.

（5）整合信息，形成初稿，全班交流，完成写作任务

Teacher: Now It's time for you to put the theory into practice. Every group, please draft an essay on the above topic and then present it to the class……

在激发个体积极思考的同时，培养学生集体合作的能力，通过班级互动评价，进一步明确好文章的写作要点。

点评——写作是学习者英语综合能力的体现。在课堂教学的实施过程中，教师以写作任务为载体，以学生完成一个个小任务的形式，把语言知识与技能融为一体，使学生能自然地在看、读、总结、归纳、写、交流、修正、完善过程中习得语言、体验语言、运用语言，达到了教学任务设定的目标。教师设计的每一个活动都具有明确的目标指向和具体的操作要求，在任务的安排和设置上也遵循了各个活动环环相扣、层层推进的原则，符合学生的认知规律。在有限的时间内，让学生获得最多的知识和最

强的能力，最大限度地调动了学生的主观能动性，有效地完成了预期的写作任务，实现了预期的写作教学目标。整堂课关注学生，注重过程，强化基础，渗透策略和技能，对学生进行了有序的写作指导，切实地提高了学生议论文的写作能力。教学的推进，也增强了师生共同参与和学生独立解决问题的能力的培养。

任务型教学模式在阅读课中的运用

教学内容：以江苏版牛津英语模块 3-Lost Civilization 为例

教学目标：作为主阅读课的第一课时，教学目标如下：

1. 通过"感官"和"时间"线索，帮助学生整体理解课文；
2. 在体验语言中培养学生阅读以"游览"为主题的日记的能力和技巧；
3. 鼓励学生发表自己的观点表达自己的情感；
4. 在整个教学过程中让学生产生对本话题的情感共鸣。

阅读教学在英语教学中占有举足轻重的作用。阅读是语言输入的主要渠道，也是终身学习的手段。

本课作为阅读课时，采用任务教学法，通过各种任务，达成对文本的理解。阅读前任务是激活学生对本课阅读的兴趣，激活学生学习课文所需的背景知识，激发学生的好奇心，为阅读活动做好准备；对阅读内容的预测，帮助学生带着问题去完成阅读任务，提高阅读的有效性。阅读中任务的设计以学生阅读为主，任务多样化，学生始终处于一种积极的学习状态，有助于课堂学习效率的提高。

二、情境教学模式案例

在高中英语教学中，情境教学模式是一种重要的教学模式。在教学过程中，教师可通过情境的构建，如让学生编写类似于寻物启事、家庭介绍信，或组织英语单词比赛、口语比赛等，丰富学生的英语学习情境，调动起学生学习英语的兴趣，巩固和加深学生的知识。情境教学模式的设置，可以通过展示实物来实现。在教学中教师让学生通过摸、看、试等体验形式，从自己生活的经验中感受真实的英语语境，提高语言使用能力。

情境的使用还可通过游戏来设置。游戏的教学情境能激发学生接触英语的动机，让学生在游戏过程中快乐轻松地获得知识，让知识在游戏活动过程中得到巩固。应注意，情境游戏要与学生的知识结构水平相适应。如猜谜语游戏、英语接龙游戏等。多媒体教学工具的普及，为教师采用情境教学模式提供了极大的方便。教师可使用多媒体展示教学图片、视频、音频等，激发学生学习英语的兴趣。多媒体情境的设置可以是多元化的，更能方便地贴近生活，引起学生的共鸣。故事情境的模式也是在英语教学中常用的。教师通过提供类似于生活场景的情境，让学生通过讲故事、演小品、朗诵诗歌等形式促进对英语的消化吸收。

情境教学模式在词汇教学中的运用

教学内容：Why Did I Quit Hunting？核心词汇：head for，settle down，shock，in one's prime，scratch，pick up

教学目标：

1. 阅读文本，理解目标词汇的基本含义

2. 学会在具体语境中运用目标词汇恰当地表达自己的想法

3. 掌握理解目标词汇，并能运用目标词汇进行课文的复述

教学说明：

本单元的 Reading 部分主题是 why Did I Quit Hunting，主要内容是关于作者如何从对打猎的狂热喜爱，到自觉地、有意识地对动物的喜爱，到放弃打猎活动的转变。其中第二课时的主要任务是词汇学习。

词汇情境教学法，即把词汇放入一定的情境中进行教学。本课采用情境教学法，主要是通过创设具体情境，帮助学生理解、掌握并运用目标词汇进行表达。情境中教授词汇比较适合高一、高二基础年级的学生，这种方式便于学生扩大词汇量，同时记忆效果非常明显。

【教学实录】

Review of the main idea of each section

Teacher: What is the main idea of each section?

Student 1: Section 1 introduces the topic and then uses a flashback.

Student 2: Section 2 describes his old habits and the thrill of hunting.

Student 3: Section 3 describes the experience that made him quit hunting.

通过对文章大意的复习，学生自然地置身于课文所设置的大语境中，同时激活学生已有知识背景，引出词汇。

Language focus on section 3，head for

Teacher: Scan section 3，and try to find where he headed for with the rifle and some food?

Student: The writer headed for a well—used deer trail to hunt for a deer.

Teacher: Can you use some other words to replace the phrase head for in the sentence?

Student: go to.

Teacher: Excellent! Now Let's practice the phrase. Try to complete the sentence according to the situation.

基于文本，进行提问，引出词汇 head for，然后在具体语境中理解词汇的含义。接着教师结合学生个人生活经历设计相关情境，运用词汇 head for 进行操练。

Situation 1:

You'd better / should head for

to watch a football match.

to enjoy your weekend.

to go on a holiday.

to have fast / ethnic food.

Situation 2:

You/Our world/Our country are / is heading for

if you drive after drinking.

if you work hard.

if you are crazy about computer games.

if people kill wild animals and cut down tress.

这种方式既能调动学生自主学习的积极性，同时在语境中巩固了词汇，使学生对词汇有进一步的理解，促进记忆，并进行初步的语言操练。

Settle down

Teacher: Where did he settle down after he cleared the snow

Student：He settled down behind a little bush.

（板书：Settle down）

Teacher: What does the phrase "settle down" mean in the sentence?

Student 1: Sit comfortably.

Teacher:Terrific!The phrase "settle down" means sit or live comfortably. Where will you settle down if you want to do the following things?

I will settle down

if I want to go on a holiday.

if I want to watch TV series.

if I want to work out maths problems.

通过对细节文章的提问，引出词汇 settle down，然后在具体语境中理解词汇的含义，接着通过创设情境"如果我想去度假／如果我想要看电视连续剧／如果我想要完成数学题，那么你会……"来操练 settle down，把词汇放在句子中学习，使同学们加深对该词汇的理解。

Teacher: Sometimes you could hardly settle down to your work because of the NBA football match. Then what does settle down mean in this sentence?

Student: Put one's heart into something.

Teacher: Yes, it just means give one's attention to. Try to create the sentence according to the following situation.

I / He / She……could hardly settle down to   when / because……

创设语境，进行词汇拓展学习，并运用开放式的句型，激发学生的想象力，活跃课堂气氛，保持学生的学习兴趣。

Shock

Teacher: What will animals usually do when they sense that there are hunters around.

Student：They will be shocked and run away when they sensed hunters around.

Teacher: What's the meaning of shock?

Student: Surprise.

Teacher: Yes, it means surprise and upset. In your daily life, sometimes you are shocked by some unexpected things. Would you please share it with us?

Students: Yes.

Teacher: Then please complete one of the following sentences.

We were shocked

at / by the news of / that……

to do……

that……

通过问题启发学生，激活学生已有生活体验，从而最大限度地激发学生的无意注意。

Teacher: I was shocked at the news that the flu has killed many people. The news is shocking. It is really a shock to me. What's the adjective and noun for shock?

Student:Shocking is adjective. Shock can also be used as noun.

Teacher: Wonderful. Here are some examples. Culture shock, be in / go into shock.

……was a terrible shock to……

通过语境，学生自主理解，水到渠成地对目标词汇的词性进行归纳和拓展，学生体验到学习的快乐。

In one's prime

Teacher: Was he a young deer or an old one?

Student: He was in his prime.

（板书：in his prime）

Teacher: What does it mean?

Student: From the passage we can find that in one's prime means in the state or time of one's greatest perfection, strength, or activity. Now let's review other expressions.

结合板书直观地呈现各个短语之间的关系，并通过例句，设置情境，帮助学生理解含义。

（板书：past one's prime / in one's adolescence / in one's childhood / in one's adulthood
Infant——baby——child——adult——the old / elderly / senior）

Teacher: My grandfather is 70 years old. He is past one's prime. You're in your adolescence. I'm in my adulthood. My child who is 7 years old is in her childhood.

Scratch

Teacher: Which verbs are used to describe the physical contact between the deer and the writer?

Student:Scratch and poke.

（板书：scratch）

I scratched my kitty to show my love but it scratched me with its claws.

1 would scratch my……when I……

was thinking hard.

wanted to find a solution to the problem

was bitten by a mosquito / an insect.

was itchy with mosquito bites.

pick up

Teacher: What did he do when the deer finished eating his sandwich and went away?

Student: He picked up my thermos and the wrapping or the sandwiches, and started walking back.

Teacher: How do you understand pick up?

Students: It means catch.

Teacher: You're right. It means catch. Then what does pick up mean in the following expressions?

pick up the money / the telephone

pick me up at school

pick up a language

pick up a bad habit / the flu

设置语境，培养学生猜词的能力。词汇教学必须和一定的情境结合起来，充分考虑特定词背后能影响词义的各种情境因素，使该词在一定语境中的确切含义得以定位。孤立的单词在特定的情况下是可以表达完整意思的，但很多情况下会引起歧义。把单词放入句中，能帮助学生正确理解单词的含义，还有利于培养他们的语感。

Retelling of the writer's experience

Teacher：Retell the story according to the key words.

head for, settle down, Shock, in one's prime, scratch, pick up

Assignment

Write a summary of the passage according to the key words.

词汇的学习不是孤立的。复述课文，一举两得，一方面巩固了本堂课词汇的学习，同时加深了对课文的理解。

英国语言学家威尔金斯说："没有语法，人们表达的事物寥寥无几，而没有词汇，人们则无法表达任何事物。"可见，词汇的学习在语言学习中有着相当重要的地位。本案例通过情境法对词汇教学做了成功的尝试。教师在设计本案例的活动时始终奉行着这样一条理念：情境、互动，即在情境中呈现、运用，在互动中操练、掌握；同时通过设问，自然引出各个核心词汇，在加深对文本理解的同时，也明确了各核心词汇在具体语境中的含义。由此可见，在教学单词时，不能把单词与教学内容割裂开来，而应该与文章的内容相辅相成，基于对文本的理解，掌握并巩固词汇。在教学过程中，教师通过问答互动的形式，不断创设情境，把枯燥的词汇放在情境中，既有助于学生的理解，又有助于学生的掌握，使学生保持住兴奋状态，增强词汇教学的效率。情境化教学赋予了词汇无穷的生命力，大大增强了单词的学习效率。

三、整体教学模式案例

整体教学模式在阅读课教学中的运用

教学内容：Cartoons and Comic Strips

教学目标：

1. 帮助学生理解课文内容

2. 让学生了解卡通和漫画方面的知识

3. 训练学生听、说、读、写、推测、总结、归纳等能力

4. 培养学生通过观察和比较进行阅读理解的能力

教学说明：

本单元的 Reading 部分主题是 Cartoons and Comic Strips，课文的文本内容可以分为以下几个板块：卡通和漫画的发展；对于卡通和漫画的定义；对于具体的一幅漫画《父与子》的描述；阅读卡通和漫画的意义所在；阅读卡通和漫画不同时期的对象；几个耳熟能详的卡通人物的介绍；手绘漫画的发展形势。

对高中学生来说卡通和漫画并不陌生，很多学生都对这一话题极感兴趣。所以，在教学设计时，教师考虑更多的是：

1. 如何通过课堂上听、说、读、写的有效训练，使学生在具体的情境中熟练掌握设定的知识要求，并逐步内化为学生的能力，从中可培养学生分析问题、探索问题、

解决问题的能力。

2. 如何更好地优化课堂教学过程,它不仅能激发学生的学习热情,而且能使学生主动地、创造性地学习,培养良好的学习习惯,促进认知活动的有效进行。

3. 如何使学生能整体地分析语篇内容和结构,以此为基本,进行课堂交际活动,如英语问答、两两对话、小组讨论等,在言语实践基础上归纳语言规则。

为解决以上问题,本课采用整体教学法,以多变的方法和不同的任务设置,引导学生积极参与听、说、读、写的各种教学活动,充分体现语言的交际功能,发展学生的智力水平。

(1) Pre-task preparation

Step 1:

Show some pictures of famous cartoon characters to lead in the topic.

Teacher: Good afternoon, boys and girls. I can see you are fascinated by these guys. Some of them are funny, some are pretty and others humorous, right? Can you tell me where you can find these guys?

Students: In cartoons and comic strips.

Teacher: That's true. By the way, are you fond of watching cartoons and comic strips?

Students: Yes.

Teacher: It seems you share the same interest with me. Today let's have a trip in the world of cartoons and comic strips with these friends.

本部分分两个环节:教师在上课伊始播放卡通视频并展示一些卡通人物的图片,一方面引起学生足够的学习动力和兴趣,课堂气氛很好;另一方面也可借此自然地引入课文的主题。

Step 2:

Define the features of cartoons and comic strips.

Question 1: When you are reading cartoons or comic strips, what attracts you most?

Student 1: Stories.

Student 2: Images.

Student 3: Characters.

Student 4: Topics.

Question 2: In which form are these stories, images, characters and topics shown, words, sounds or drawings?

Student: Drawings.

第二个环节的设计是先由学生说出卡通和漫画中最吸引其眼球的是什么。由于学生平时接触卡通和漫画的机会很多,此话题引出了各式各样预设以外的答案,学生的思维量和表达欲得到了激发，然后利用学生"头脑风暴"的产物总结归纳出 cartoons 和 comic strips 最本质的特征，给学生最直观的印象。

（2）While-task procedure

Step 1:

Skim the text and match the paragraphs with proper headings.

Teacher: These vivid drawings tell us a lot about different characters' different stories. And of course we can learn a lot from different cartoons and comic strips. Actually, the development of cartoons and comic strips is a long story to tell. And you can learn it from the text. Now would you please open your text book? Let's skim the whole text and try to find the general idea of each paragraph.

通过全篇课文的快速阅读，教师引领学生初步对课文总体框架和内容有所理解，并培养学生速读、抓中心句和归纳总结的技能。

Step 2:

Analyze the trend of the whole text paragraph by paragraph.

Para. A the birth of cartoons and comic strips

explore the birth of cartoons and comic strips

Teacher: People in the past once met a difficulty in their life, so they were trying their best to overcome it.Can you find their "difficulty" and "solution" in the text?

Student 1:The difficulty is that they found it hard to put their feelings into words.

Student 2: They found a new means of expressing themselves as the solution to the problem.

Teacher: Then what's their new means?

Student 3: Cartoons and comic strips.

Teacher: Thus the cartoons and comic strips were born. Or we can express the birth in another way. Try to find a phrase in the text.

Student 4: The cartoons and comic strips came into being.

Teacher: Well, did cartoons and comic strips become popular right after its birth?

Student: No.

Teacher: When did they become all attraction?

Student 5: When the painters expanded the topics at the end of the 19th Century.

教师创造英语学习的氛围，设置阅读目标，在此基础上产生了信息沟，学生在信息沟的指引下进行有目的的阅读，捕捉信息，满足认知与情意的需要。

Para. B：definitions of cartoons and comic strips

Listen to this paragraph and fill in the blanks to identify cartoons and comic strips

A cartoon is an amusing drawing that deals with some interesting things in the news. Comic strips are a set of humorous drawings that tell a funny story.

（学生听录音后填空，个别单词学生不理解，教师适时解释新词汇）

教师通过语音材料让学生捕捉相关信息来完成定义，并强调填空的词都是同义词，在课文内容梳理过程中渗透了词汇词义的教学，然后把学生的注意力集中在以定义为依据 cartoons 和 comic strips 的区分上。

Para. C: a description of a cartoon

Read this part aloudly and answer the question "Why does the writer say 'For the moment, at least, the son is safe'?"

（学生先用课文原句回答，教师鼓励其用自己的语言表达）

教师一方面以一个归纳性的问题来处理这一段落的一个漫画故事，并对比学生的实际情况，学生思维活跃，积极性高涨，课堂气氛很好。同时，教师另一方面指导学生精读阅读材料，达到深层理解教学内容的目的。

Para. D: the significance of cartoons

Scan this part and use two words to describe the significance of cartoons.

（鼓励学生用完成后的句子来表述）

由于这段文字材料相对比较容易，所以教师充分发挥材料的优势训练学生归纳和概括的能力，并以此为载体增强学生自我学习的意识。

Para. E: the target of cartoons and comic strips

a. Pair work: find proper information to fill in the timer shaft

b. retell this paragraph according to the information in the timer shaft

（学生能用自己的语言组织完成复述）

以一个时间轴的形式来呈现不同时期卡通和漫画的不同读者，学生获取信息、处理信息的能力得到训练，并以根据信息内容进行复述的形式来达到语言输出的目的。

Para. F: some well-known characters and topics of today's cartoons and comic strips

a. scan this part and try to find the answer to some questions

Question 1: Who are the characters in cartoons and comic strips?

Question 2: Which cartoon characters help tickle the imagination of children?

Question 3: Which cartoon characters can be regarded as heroes?

Question 4: Which series of comic strips expresses human love and sympathy?

（学生回答较好，教师适时完成新词汇的释义）

b. Pair work: make a dialogue

Requirements:

Make a dialogue by asking and giving opinions about favorite cartoon characters.

You are encouraged to show your agreement and disagreement.

The introduction to the characters may include:

What is his/her name?

What is his/her personality?

Why you like it?

（学生对话创意颇多，教师在每组对话后点评并给出改进的意见，让学生关注如何使用恰当的句型来"ask opinions"和"give opinions"）

教师使用读、说、听、对话等教学手段，要求学生在理解课文内容的基础上进行语言操练，并不失时机地把新词汇通过上下文语境教授给学生，使认知过程与情境教学及言语技能的习得相得益彰，促进课堂效率的提高。

（3）Post task

Teacher: Although cartoons and comic strips have a long history and may give us a lot of amusement and food for thought as well, many people especially the parents don't think it's a wise choice for students to spend much time reading or watching cartoons and comic strips. Well, In your opinion, what are the advantages or disadvantages of reading cartoons and comic strips?

Now discuss in groups. List your opinions and reasons about this question as many as possible. And choose one student as your group leader to make a speech with the help of the key words that you've listed; besides, you are welcomed to add more details. 3 min for preparation.

（学生小组合作学习，完成观点和原因的陈列及最后的发言）

在学生完成课文内容理解的基础上，教师提出基于课文又高于课文的开放型的话题，以小组讨论的形式进行话题的探究和表达；在活动进行之前，对于活动成果的呈现给出了明确的指令，小组分工明确，每个小组成员都能参与话题的研讨，活动涉及面广，为顺利进行活动做好了铺垫。

（4）Homework

a. Read the text after the tape recording.

b. Oral: Improve your dialogue under the topic "my favorite cartoon character" with the help of the useful language in the text book and share with your classmates.

c. Put the oral speech "the advantages and disadvantages of reading cartoons and comic strips" into written form.

最后的回家作业，口头和笔头兼顾。口头作业：首先让学生课后以跟磁带朗读的形式来对课文内容进行复习；然后让学生以书本上 useful language 里面提供的句型为参考，改进和完善课堂上的对话。笔头作业：基于课内的活动，旨在培养学生的写作能力，并提高其学习的严谨性。

　　语言是一个整体，教学应从整体入手，学生的认知活动也是一个有效的完整的学习过程，教师在教学设计过程中，应该对教学的目的、教材的形式和教学的内容进行精心准备，也应该对学生的需求和掌握程度进行认真分析，应该把握从组织教学开始到学生知识运用的各个教学环节，应该根据学生英语习得过程和英语教学目标而设计的一个有机的整体教学策略，使各活动任务环环相扣，层层推进，不可分割。

　　本课是一堂基础型的阅读课，首先采用了课文整体教学，从文本整体到部分再回到整体，帮助学生梳理文本信息、理解文本内容；同时，本课体现了语言学习过程的整体性，表现了"四能一体"的语言学习特征，而不是单独地把各个能力训练分割开来。

　　Pre-task 部分：教师在课堂教学的前五分钟设计一个热身操练的教学环节，旨在激发学生学习动机和兴趣，创造轻松、愉快、生动、活泼的学习气氛。采用多种情境模式，如：师生对话、链式问答等。更可贵的是，教师在实践课堂教学过程中，能把预设和生成有机地结合起来，根据学生的实际反应做出相应的任务难度调整，如：给出一些有坡度的选择，来开启学生的思维。

　　While-task 部分：教师较好地处理了主导与主体的关系，把握好了各个环节和任务之间的分配及节奏，正确地采用了教学手段，以多变的方法，引导学生积极参与教学活动，充分体现语言的交际功能，发展学生的智力水平。通过多角度、多方位、多层次的学习活动，学生较自然地融入教与学的双边活动，听、说、读、写以及归纳、概括的能力也得以训练和培养。

　　Post-task 部分：该部分主要是基于文本学习上的能力技能和情感价值的延伸，创设特定情境，让学生灵活运用文本信息，并鼓励其加入更多自己的观点和想法，合作完成了收集观点、陈列观点、表达观点的一个个任务，这也为学生顺利完成回家作业做了铺垫。

　　Homework 的设计，是对课堂学习内容的复现和巩固，培养了学生学以致用的意识和能力。

第三章　高中英语高效课堂构建方法

第一节　备课

高效备课是十分重要且复杂的教学前奏。在备课上花一分精力，在教学里就有一分的效果。一节课高效不是偶然的，它在很大程度上取决于教师的备课。教师既要考虑教学目标、原则和方法，还要摸清学生的英语水平和学习习惯，吃透教材，编写教案，在有限的时间里，培养学生的英语学习兴趣，抓住学生的注意力，考虑教学中可能发生的问题和各种解决办法，才能安排好教学环节，引导学生进行有效学习，真正发挥教师的主导作用。经过认真备课，教师在教学里就处于主动地位，才能进行高效的教学。

一、备教材

教师首先要钻研课程标准，考虑教学原则、方法和步骤，有计划地编写课时教案。课程标准是教师组织课堂教学内容的主要依据，也是教师制订具体课堂教学计划和教学进度的依据。课程标准不仅规定本学科的总目的、总要求，也规定各单元的教学目的和要求及具体的内容。教师在钻研课程标准的基础上应进一步把教材全部熟读一遍。高中英语教师应通读高中的英语课本，要了解各年级教材的内容和编排体系。教师掌握教材，一般要经过三个阶段，即"懂"—"透"—"化"。"懂"就是逐字逐句弄清弄懂教材的基本思想、基本概念，方便划分课时；"透"就是深刻理解、熟练掌握教材，确定教学目的、重点、难点、方法，并能运用自如，对上课充满信心；"化"就是把教师的思想与教材的思想科学地融合在一起[1]。总之，教师经过备课要做到：

（1）理解和掌握课文里的单词、句法和语法。
（2）发掘合理的教学资源，帮助学生学习记忆并使用新单词。
（3）解释课文里的难句，简化课文里的长句，帮助学生理解。
（4）用英语对课文里的句子提问题，对课文做简短的评论总结。
（5）结合新知识考虑练习和复习哪些旧知识。

1　成力.高中英语备课中的常见误区及其对策[J].教育观察，2017（16）.

（6）钻研本课的语法点，能用英语举例说明新语法点的用法。
（7）背诵经典的课文及句子。

二、思考教学方式、方法

高中英语新课程提倡以下教学方式：
（1）多数课堂活动不是以教师为主体，而是以学生为主体。
（2）多数时间里，不是教师讲解、学生倾听，而是教师与学生之间、学生与学生之间的互动。
（3）教师引导学生自己去发现知识，而不是直截了当地把知识告诉学生。
（4）学生运用所学英语语言知识去做一些具体的事情，而不是机械地记忆知识。
（5）学生根据自己的学习需要，按自己的学习方式实现学习目标，而不是整齐划一地按教师的要求做同样的事情。

教学有法，但无定法，贵在得法。教师采取怎样的教学方法，对于课堂教学的驾驭、学生认知水平的提高有着重要的影响。教学方法不是一成不变和僵硬的东西，我们应该根据教学内容和所要达到的教学目标，有目的地选择教学方法。而且，每一位学生都是一个活生生的个体，都有自己的思维，也一定会关注同一现象的不同方面，根据同一个现象提出很多不同的问题，这就要求教师要想到不同的学生是用不同水平去理解问题的，思考这些学生处于什么层次的接受水平上，从而更好地针对不同学生制定具体的教学方法。

三、充分利用现代化教学手段

互联网应成为英语教师日常教学工作的资源库。备课时，教师要根据英语学科的特点，充分利用网络进行信息检索、问题探讨、资料收集和学术交流。多媒体教学以多维、多样、多角度、高密度的展示方法，融声、光、电于一体，充分调动学生多种感官参与，使他们全身心地投入英语学习，有利于增强真实感，调动非智力因素，消除学习紧张感和焦虑感，优化教育教学过程，提高学生的学习效率，极大地发挥学生自主学习的能力，锻炼他们的创新精神。

总之，高中英语课堂教学有效性的提高是质量的提升，促进了素质教育的全面推进。高中英语教师的专业进步和成长，最根本的一点就是每一位教师更好地把握《普通高中英语课程标准》的内容，不断积淀自己的文化底蕴，以严谨治学的态度、求真务实的精神深入地把自己的备课设想落实到英语课堂教学中，实实在在地为课堂服务，为学生营造一个精彩、灵动而有效的课堂学习环境。

第二节　课堂导入

什么是课堂导入？在英语教学中，课堂导入也叫"leading-in"，指的是教师在教学开始的 3~5 分钟内，利用各种教学手段精心创设教学情境，巧妙设计教学活动，迅速而高效地帮助学生进入课堂学习状态的教学环节。

一、课堂导入的作用

苏霍姆林斯基说过，"如果教师不想办法使学生产生情绪高昂和智力振奋的内心状态，就急于传授知识，那么这种知识只能使人产生冷漠的态度，而不动情感的脑力劳动就会带来疲劳"。导入是为了让学生把已有的知识与新知识产生同化，以旧带新，以易带难，使新知识更容易被理解和掌握。学生需要一定时间从课间的喧闹状态调整到上课的安静状态，巧妙地导入能让学生的注意力、兴奋点迅速转移到课堂上，从而迅速进入学习状态。针对不同课型的导入能开阔学生的视野，增长知识，明确该节课的学习目的和意义。教育家第斯多惠说："教育成功的艺术就在于使学生对你所教的东西感兴趣。"亲切易懂的导语有利于教师的教、学生的学，能增强师生之间的情感，创设良好的教学氛围。因此，导入在英语教学中起着承上启下的作用，能使整个课堂教学井然有序、有条不紊。

二、课堂导入的原则

成功的导入能激发学生的内心活动，活跃学生的思维，使学生的求知欲、探索精神与课堂教学相融合，激发和诱导学生去积极探究、思考，使课堂教学真正活跃起来。高中英语导入一般要遵循针对性原则、因材施教原则、生活性原则、启发性原则、探究性原则等。

（一）针对性原则

针对性原则是指导入一定要根据教学内容而设计，不能脱离教学内容，要对整堂课教学起引路作用。导入方法要具体、简捷，一开始要把学生的思路带入一个新知识情境中，激发求知欲，让学生对学习的新内容产生认识上的需要。教师要熟悉教材，了解教材内容的重难点及新旧知识之间的联系，并通过合理的过渡，激发学生产生愉快的情感。教师要在新旧知识之间建立自然、平滑的链接，比如，在介绍背景知识的时候，引用新的单词、句子，就应以学生熟悉的句子作为基础，这有助于学生猜测新知识的上下文意思。导入要做到有的放矢、主题明确，教师要循循善诱，控制好课堂，不要把话题扯远。

（二）因材施教原则

高中英语课堂的导入设计需以高中学生的心理、年龄、知识水平为基础，恰当地引导他们进行探究、思考，为实现教学的三维目标做好铺垫。好的导入需要学生配合去创设情境，如果教师对学生个性不了解，创设情境就无法达到预期的教学效果。如提问时，为了活跃气氛，有目标地选择比较活跃的中等生，以此来带动其他同学，不能让学生感觉教师总是喜欢提问成绩好的同学。事实证明，只有全体学生都积极参与、积极思考，才能达到良好的教学效果。

（三）生活性原则

导入的材料要联系学生生活，教育学家陶行知先生说："没有生活做中心的教育是死教育。"新课程提倡：密切与现实生活和社会发展的联系，关注学生生活，关注学生全面发展[1]。联系生活实际的课堂导入，能使学生轻松体验生活、感悟生活，达到共鸣，很快融入课堂，成为教学主体。

（四）启发性原则

好的导入能引导学生发现问题，激发学生思考和探索，让学生在"已知"基础上产生进一步求知的欲望，促进他们更好地理解新知识。

（五）探究性原则

新课标特别强调学生学习方式的改变，提倡探究式学习。精心设计的具有探究价值的导入，有助于学生快速完成课堂角色的转化，开发学生的潜能，促使学生自觉地进入课堂探究学习活动中。

三、课堂导入的方式

（一）复习导入方法

复习课堂导入方法是比较常用的一种课堂导入方式，其效果比较显著，并且使用较为简单，但这里所指的复习课堂导入方式，与传统的复习方法是不同的，需要对其形式进行不断创新，将其独有的导入作用发挥出来。比如在学习"convince"这个单词时，由于此单词的重要性，在学习此单词的第二节课时，教师可以选择举一反三的复习导入方法来进行新课导入，先以改错题的方式让学生对单词进行区分，然后借助填空题的方式让学生对单词的用法和词性进行掌握。

---

[1] 周仕兵. 浅谈高中英语课堂导入 [J]. 魅力中国，2019（36）.

（二）直观导入方法

直观导入方法比较符合高中生的学习心理。此种新课导入方式，能使学生直观地观看信息，刺激学生的视觉与听觉等，能营造较为真实的情境，让学生进行身临其境的学习，深入引发学生的好奇心，使学生主动参与到新课的学习与探究中。比如在学习"Earthquakes"时，教师可以给学生播放近些年地震的视频片段，如唐山大地震、汶川地震等，这既能集中学生的注意力，还可以让学生真切感受到地震发生时的各种情形及给社会和人带来的危害，同时需要予以合理提问，看视频进行感受与思考后，学生能掌握地震发生前的预兆，为后续的教学进行有效铺垫。

（三）提问课堂导入方法

提问课堂导入是高中英语课堂导入的重要方式，所发挥的作用不可忽视，尤其是在词汇及课文讲解时，是一种非常有效的课堂导入方式，是激发学生学习兴趣，以及让学生对课文重难点进行准确理解与把握的关键所在。但在此导入方法的设计过程中，教师所提出的问题需要围绕重难点进行，注重提问的趣味性，让学生有较高的兴致对教师提出的问题进行研究。比如在学习"Festivals around the world"的相关内容时，可以设计这样的导入问题："Do you know how foreigners celebrate Christmas or Easter?"此问题的提出，会让学生主动参与到对不同国家风俗习惯的了解中，从而顺利进入课文的阅读与学习中，为接下来的课堂讲解环节进行铺垫，这是激发学生学习欲望最有效的途径。

英语既然是一门应用性课程，其学习难度不言而喻。在实际高中英语教学过程中，教师需要对其导入进行深入性思考，在明确导入原则的同时，采取有效的导入方式，真正促使学生得以健康、全面发展。

第三节 说课

"说课"是一种新兴的教研形式，它是指教师在特定的场合，在精心备课的基础上，面对评委、同行或教研人员系统地口头表述自己对某节课（或某单元）的教学设计及其理论依据，然后由听者评议，说者答辩，达到相互交流、相互切磋，从而使教学设计不断趋于完善的一种教学研究形式。狭义的说课是指教师以口头表达的方式，以教育科学理论和教材为依据，针对某节课的具体特点，以教师为对象，在备课和上课之间进行的教学研究活动。

一、高中英语说课的意义

提高教师素质的途径主要有两个：一是外在的，如培训学习、听专家报告等；二是内在的，如自学、实践研究等。但是无论哪一方面的学习或培训，最终都要通过教师的自身参与来发挥作用。外因是变化的条件，内因是变化的依据。以往一些成功的范例都说明了教师只有发挥主观能动性，坚持不懈地投身到教学中，才能在实践中不断提高自己的水平。

"说课"活动作为一种教学研究的方式，是一种外在的形式，但它又需要通过教师自身的参与才能达到目的。因此，"说课"是借助外力，促使教师内因发生变化的杠杆。它有明确的目的，被教师所需要。说课的目的是提高教师素质和课堂教学质量，这种活动方式，能有效地提高教师的教学业务水平。

二、高中英语说课的要求

（1）理论性与科学性。
（2）简易性与操作性。
（3）交流性与示范性。

三、高中英语说课的方法

（1）说"准"教材。
（2）说"明"教法。
（3）说"会"学法。
（4）说"清"教学目的。

四、高中英语说课的内容

高中英语说课的内容包括：说教材，说学生，说教法、学法，说教学过程等几大方面。

（一）说教材

说课首先要说明对教材的理解，因为只有教师先对教材有透彻的理解，才能设计出完美的教案。说教材包括三个方面的内容：①教材内容分析，说明教材的地位和作用；②说出本单元的具体教学目标；③说明教材的重难点。

（二）说学生

在备课和上课之前一定要了解学生，认清学生的具体真实水平，这样才能制定出相应的教学方案。

（三）说教法和学法

高中英语教学方法多种多样，不能对所有学生都"一刀切"，运用同一种教学方法[1]。教师应根据学生的不同层次及水平运用不同的教学方法。因此，说课者应从实际出发，选择恰当的教学方法。

（四）说教学过程

说教学过程是说课的重点部分，因为通过对这一过程的分析才能看到说课者独具匠心的教学安排，它反映着教师的教学思想、教学个性与风格。也只有通过对教学过程设计的阐述，其他人才能看到教师的教学安排是否合理、科学，是否具有艺术性。

通常，教学过程要说清楚下面几个问题：

1. 教学思路与教学环节安排

说课者要把自己对教材的理解和处理，针对学生实际，借助哪些教学手段来组织教学的基本教学思想说明白。

说教学程序要把教学过程所涉及的基本环节说清楚，但具体内容只需概括介绍，只要听讲人能听清楚"教的是什么""怎样教的"就行了，不能按教案像给学生上课那样讲。

另外需要注意的一点是，在介绍教学过程时不仅要讲教学内容的安排，而且要讲清"为什么这样教"的理论依据（包括课程标准依据、教学法依据、教育学和心理学依据等）。

2. 说明教与学的双边活动安排

这里说明怎样运用现代教学思想指导教学，怎样体现教师的主导作用和学生的主体活动和谐统一，教法与学法和谐统一，知识传授与智能开发的和谐统一，德育与智育的和谐统一。

3. 说明重点与难点的处理

要说明在教学过程中怎样突出重点和解决难点，解决难点运用什么方法。

4. 说明采用哪些教学手段辅助教学

包括什么时候、什么地方用，这样做的道理是什么。

5. 说明板书设计

说教学程序还要注意运用概括和转述的语言，不必直接照搬教案，而要尽可能少用课堂内师生的原话，以便压缩实录篇幅。

---

1 杨军霞. 高中英语"说写课"中培养学生思维品质的路径研究 [J]. 家长，2021（24）.

五、走出误区,从本质上理解"说课"

(一)误区之一:说课就是复述教案

说课稿与教案有一定的联系,但又有明显的区别,不应混为一谈。说课稿是在个人钻研教材的基础上写成的,说课稿不宜过长,时间应控制在 10~20 分钟之内为宜;教案只说"怎样教",而说课稿重点说清"为什么要这样教"。教案是教师备课这个复杂思维过程的总结,多是教学具体过程的罗列,是教师备课结果的记录,是教师进行课堂教学的操作性方案。它重在设定教师在教学中的具体内容和行为,即体现了"教什么""怎么教"。

说课稿侧重于有针对性的理论指导的阐述,它虽然包括教案中的精华部分(说课稿的编写多以教案为蓝本,作为参考的第一手材料),但更重要的是要体现出执教者的教学思想、教学意图和理论依据,即思维内核。简单地说,说课稿不仅要精确地说出"教"与"学"的内容,更重要的是要从理论和实践的结合上具体阐述"我为什么要这样教"。教案是平面的、单向的,而说课是立体的、多维的,因而说课稿是教案的深化、扩展与完善。

(二)误区之二:说课就是再现上课过程

有些教师在说课过程中一直口若悬河,激动万分地给听者"上课":讲解知识难点、分析教材、演示教具、介绍板书等,把讲给学生的东西照搬不误地拿来讲给下面就座的各位评委、同行们听。其实,如果他们准备的内容和课程安排面对的是学生,就可能会是一节很成功的示范课。但说课绝不是上课,二者在对象、要求、评价标准及场合上具有实质性的区别,不能等同对待。

说课是"说"教师的教学思路轨迹,"说"教学方案是如何设计出来的,设计的优胜之处在哪里,设计的依据是什么,预定要达到怎样的教学目标,这好比一项工程的可行性报告,而不是施工工程的本身。由此可见,说课是介于备课和上课之间的一种教学研究活动,对于备课是一种深化和检验,能使备课理性化,对于上课是一种更为严密的科学准备。

(三)误区之三:说教学方法太过笼统,说学习方法有失规范

"教学设计和学法指导"是说课过程中不可缺少的一个环节,有些教师在这个环节中多一言以蔽之:教师可以运用启发式、直观式等教学法,学生可以运用自主探究法、合作讨论法,等等。至于教师如何启发学生,怎样操作,却不见了下文。甚至有的教师把"学法指导"误解为:解答学生疑问、学生习惯养成、简单的技能训练。

（四）误区之四："一穷二白"，说课过程没有任何的辅助材料和手段

有的教师在说课过程中，既无说课的文字稿，又没有运用任何的辅助手段。有的教师明明说自己动手设计了多媒体课件来辅助教学，但在说课过程中，始终不见庐山真面目，让听者不禁怀疑其真实性。所以，说课教师在说课过程中可以运用一定的辅助手段：如多媒体课件的制作、实物投影仪、说课文字稿等，在有限的时间里向同行及评委们说清楚课、说好课。

第四节 听课率

课堂听课率，是学生在课堂上认真倾听并积极参与教学活动的概率，是学生在课堂上学习状态的一种综合表现，是学生对教师授课效果的一种直接态度表白，是反映课堂教学效果的一个重要信息依据。

一、听课率与课堂教学效果

怎样的课才是优秀课，不同的专家学者会有不同的标准，但是可以肯定的是，一节精彩高效的课，至少是能吸引学生的，学生课堂上的听课率应该是高的，甚至是百分之百的。要提高课堂听课率，教师需要更多地了解学生的兴趣、爱好、水平和能力，对学情进行更有效的分析，更有效地做好课前准备、课中落实和课后反思，不断调整教学方法，以此更快捷高效地提升课堂效率。

二、听课率产生于课堂，便于教师关注和提升

提升课堂效率的途径和方法多种多样，不过每位教师的课堂效率的提升最终还是要依靠教师本人，最有效的方式也是立足于教师自己。而且，对于日常工作琐碎繁忙的一线教师来说，方便、快捷的方式是最受用的。作为教师，无论是上课还是听课，只要认真关注学生在课堂上的听课率，对于每节课的课堂效果，通常是"心中有数"的。学生的听课率高低是教师授课效果高低的最直接的表现，教师可以透过听课率来反思自己的教学设计和实施效果，或作为评价一节课的重要依据。每一节课都有听课率，它也是教师应关注的教学常规，所以通过提高听课率来促进课堂效果，对于教师来说是基于教学常规，无论是个人或者同伴互助，都是易于操作、可行和高效的。

三、听课率与学情关系密切，有利于教师因材施教

教师可以从多方面了解和掌握学情。通过课堂听课率获得知识是最直接和快捷的一种方法。学生对感兴趣的内容和环节，会自然表现出认真聆听、积极参与的态度，这个时候听课率是高的，教师可以根据这一规律，逐步掌握学生的兴趣爱好和性格特点，并有针对性地"投其所好"、因材施教，增进与学生的感情和默契度。有了这一基础，教学效率自然会提高。又如，通过听课率，教师可以了解学生对知识接受的状态。如果太难或太容易，学生会表现出不耐烦、注意力不容易集中等现象，导致听课率低，此时，教师应该不断调整方式方法，从听课率的起伏中获得最佳策略，更好地落实教学内容。

四、听课率可检验教学效果，推动优化教学设计

一位高中英语教师在为学生授课前，精心预设了关于中西方节日的主题教学内容，为了更清晰地展现中西方节日的异同，特意设计了一个对照表，她认为通过一目了然的比对，学生对中西方节日的了解会更深刻。她打算在课堂上逐步呈现出各种节日后，与学生一起归纳。课堂上，学生对教学话题非常感兴趣，能集中注意力，在教师的主导下，积极参与课堂活动，整节课的听课率很高。接近课堂尾声时，教师呈现出表格，请学生以小组合作的形式填表，归纳出各种节日的时间、特点等。学生很快完成了表格。教师很满意，打算"乘胜追击"，马上巩固效果，她要求学生在限定时间内马上把表格内容背下来，并以比赛的形式来激发学生的学习积极性。可是，此时她感觉到学生似乎没能领悟自己的要求，很多学生继续悄悄而兴奋地讨论各种节日的庆祝方式、特点，意犹未尽。她马上调整策略，仍然以小组为单位进行比赛，每个小组表演一个节日，然后请台下的同学猜猜这是什么节日、有什么特点。由于这位教师能密切关注学生的现场反应和听课率，并注意灵活使用教学方法，积极创造机会让学生进行体验式学习，适时调整了策略，选择了更优化的形式，所以课堂效果非常好。

五、听课率贯穿教学全程，有助于开展教学反思

教师的课堂反思要基于对课堂实施情况、学生反馈信息的回顾和分析。除了自己在课堂上进行有目的的观察以外，还可以通过同伴互助记录和描述相关情况，例如可以使用针对性的表格记录每个环节学生在课堂上的听课率，会更容易和更有效为改进教学工作提供参考信息[1]。教师可以设计观察记录表格，含主要内容及教与学的形式、

---

1 达巍娜.高中英语教学中视听课浅尝[J].亚太教育，2015（31）.

未认真听课学生状态描述、课堂评价及影响听课率初步归因等内容。当然，各种原因，教师对听课率的认识是有差异的，要避免片面认为热闹的课堂就是学生参与率高、听课率高，课堂效果就好。教师要正确、客观对待听课率，把握内涵，进行归因、分析，为提升课堂效率提供科学、合理的信息数据。

第五节 提问

提问环节的有效开展不仅能够促进师生之间的交流，还能培养学生的思考力，提高他们的逻辑推理能力。本节将从提问时机、问题设计、提问方法等多个方面进行分析，提出相关教学策略，并对培养学生思考力的方法进行探索，希望有益于学生获得知识和相关能力的发展，期待能实现培养学生思考力的教学目标。

一、准确把握提问的时机

在高中英语课堂中展开提问不仅能丰富课堂环节，还能提高学生的听说水平，锻炼他们的英语交际能力。特别是恰当时机的提问，既能带动课堂的教学气氛、舒缓学生听课的紧张，又能吸引学生的注意力，避免他们在课堂上走神。在课文开始时，教师可以先进行导入式提问，让学生对所学内容产生好奇，产生学习兴趣。例如在教授"The road to modern English"时，教师便可基于课文主题提出问题"Would you mind sparing something with us that you know about English？"发起学生对英语的讨论，在学生交流了自己所知道的关于英语的知识后，他们很容易产生继续了解英语发展的渴望，并且在回答过程中展现了自己的知识储备，很容易有学习成就感，能有效地调动学习积极性。在深入讲解时，教师可以对学生展开讲解式提问，即针对课文内容提出恰当的问题，例如在讲完英语的发展过程后，提出"What makes English develop quickly？"通过学生的回答，教师能了解学生对知识的消化、掌握情况，并以此来调整自己的教学进度。在课文结束后，教师还可以进行复习式提问，主要目的是通过问答加深学生对文章的理解和记忆，巩固所学知识。由此可见，在不同阶段教师提出的问题具有不同的针对性，从而切实提高课堂的教学效率。

二、巧妙设计问题，提高问题的有效性

教师提出的应该是经过了精心设计且符合教学目标的问题，要突出重点，切忌面面俱到。尤其是针对学生在阅读文章时碰到的难以理解的内容，教师要着重对这些内容进行问题的设计，由浅入深、层层递进，帮助学生理清思路，顺利理解文章。在

进行课文教学时，教师可以从身边的事物进行切入提问，让问题更贴近学生的生活。如在教授课文"Journey down the Mekong"时，教师可以让学生回答"What do you prepare for your journey？"这个问题，学生通过回想自身的经验更容易对文章内容产生思想上的共鸣，能更深切体会到作者的感情。教师在课前进行问题设计时，还可以考虑在提问时配上多媒体等手段进行辅助。

例如在教授关于欧式建筑的文章时，如果直接提出欧式建筑具有什么特点的问题，就迫使学生在短时间内从文章中找到相关信息，极易给他们造成压力，打击他们回答问题的积极性。如果在提出问题后，教师利用多媒体放映多张欧式建筑的图片，学生通过观看图片就可以找出一些欧式建筑的特点。这样，不仅能够提起学生的学习兴趣，同时也能培养他们的观察力。教师设计问题还应注意掌握其难易程度，比较合适的做法是对一篇文章设计多个难度、程度不同的问题。难度较小的问题可以让中下游学生回答，难度较大的问题则让上游学生回答，争取让所有学生都得到适合自己的训练。如果不分问题难易，采取"眉毛胡子一把抓"的提问方式，可能会出现学生回答不出问题的情形，让他们产生反感抗拒的情绪。

三、重视学生的回答过程，培养学生思考力

忽略语言的学习目标，单纯为提问而提问是不可取的。教师要注重培养学生对新词汇、新语法的运用能力，不能让他们重复使用过去的词汇和语法回答问题。为此，教师可以规定学生在回答问题时必须使用某种语法或某个词汇，倘若学生回答时没有运用，教师可以带领学生对他的回答进行修改。这样，既帮助学生巩固了新学的知识，又在修改过程中锻炼了学生的思维能力，有益于提高学生的思考力。此外，教师对思考时间的控制不当也会影响到学生的思考力，在给出较复杂问题后若留下的思考时间过少，很容易让学生没有明晰的思路，使他们对自身的思考力产生怀疑。对于一个简单的问题给出太多思考时间，则会造成学生思考的敏捷性下降，不能有效开发学生的潜能。所以，教师应分析当前的教学情况，对问题给出合适的思考时间，让学生的思考力能得到有效训练。同时，在学生回答问题的过程中，教师也应采取积极鼓励的态度，着重表扬他们答案中的可取之处，针对他们的缺漏之处进行分析，帮助他们找到缺漏的原因，带领他们对相关信息进行推理。这样，可以减少学习的无助感，锻炼他们的逻辑推理能力，有效培养思考力。

四、灵活运用多种提问方式，提高教学效率

教师要寻找更多的提问方式来提高教学效率。在传统的英语教学课堂中，教师习惯了采用一问一答的方式，但太过单一的提问方式容易使课堂变得枯燥无味，难以让

学生产生思维之间的碰撞，减少了学生间的交流，让思维变得局限。针对这个状况，教师可以丰富提问的方式，例如让学生分成小组对某一问题进行讨论，最后再回答问题。在讨论过程中，学生能了解到更多样的想法，明白别人的分析思路，通过这样的交流也能拓展自己的思维，增强自己对问题的认知，有效提高自身的思考力。如"三人行，必有我师焉"，别人身上一定存在值得学习的地方，同学间的讨论交流便是发现别人优点的有效途径。除了分组讨论，教师还可以在课堂上播放一个短视频，让学生针对视频提出问题，然后引领同学分析这个问题的深度和广度，梳理回答问题的思路。通过这种方式，教师可以提高学生的课堂参与度，使课堂氛围更为活跃[1]。开放式的问题还能增强学生的探究能力，切实提高学生思考力。

五、保持和发展学生的思考力

除了通过提问来培养学生的思考力，教师还应探索更多方式来保持和发展学生的思考力。在英语教学中，学生习惯于机械地背诵知识点，而不是通过理解去记忆，这种缺乏思考的学习方式容易导致学生思考力水平下降。所以，教师在平时教学中应该强调死啃书本这种行为是错误的，并系统教授学生理解记忆的技巧，提高他们的学习效率。此外，很多学生都喜欢偷懒，在碰到疑难问题时，不做深入思考便直接询问教师。教师应改掉有问必答的习惯，不直接告诉学生答案，而是适当给出提示，鼓励他们进行思考。学生通过自己思考得到答案，既有益于他们对知识进行深入消化和理解，也有利于自身思考力的发展。最后，教师要多鼓励学生去寻找新的解题方法，增强学生的创新意识，培养学生的思考力。

教师要充分利用好提问这个教学手段，让学生积极主动地完成学习任务，提高学生的综合学科素质。研究提问技巧对培养学生的实践能力具有重要的指导意义，教师应对此进行进一步的探索。对学生思考力的培养是一个漫长的过程，教师不可操之过急，应循序渐进。

第六节 板书设计

英语是一把开启世界文化与艺术的钥匙，因此学好它是非常重要的。高中英语课堂教学也应该本着这一理念，尽量体现英语教材中的文化性。我国教育部制定的《普通高中英语课程标准》提出，在英语教学中，教师应根据学生的年龄特点和认知能力，逐步扩展文化知识的内容和范围……在英语学习的较高阶段，要通过扩大学生接

---

1 周俊. 高中英语提问技巧和学生思考力的培养 [J]. 江西教育，2018，（30）.

触异国文化的范围,帮助学生开阔视野,使他们提高对中外文化异同的敏感性和鉴别能力,进而提高跨文化交际能力。英语课堂教学是培养跨文化意识的主要途径,课堂板书具有将文化形象化的特点,英语教师应利用好板书,充分发挥其文化形象化的功能。

一、板书内容体现文化意蕴的意义

英语教材的编写越来越重视文化因素,许多课文充满着跨文化交际的信息,具有极其丰富的文化色彩,内容涉及艺术、教育、历史、文学、音乐、政治及日常生活、社会习俗和价值观等。这就要求英语教师要科学地利用教材,在充分挖掘教材文化内涵的同时,通过板书把这些文化内容形象地展现出来,让学生直观地感知文化信息,以陶冶其文化情操。

板书是一门艺术,是对教学内容最直观的反映。如果板书的内容中蕴含着一定的文化信息、文化内容,就如在学生面前呈现出一幅幅生动形象的文化景象,有利于学生对英语国家的文化的理解,提高学生的跨文化交际能力,从而提高学生学习英语的能力。

二、体现文化意蕴的板书内容

(一)词汇

词汇是语言中最活泼、最具生命力,且最能体现时代和社会变化的一个要素,因而它不仅受到文化的制约,而且也能生动地反映出民族文化的独特魅力和内涵。

在教授"Fog"这一课时,教师可以借助板书,重点突出 fog 这个词,并向学生讲解故事发生的背景知识。词汇是文化的一部分,与地理环境有着密切的联系,所以,以 fog 为主题的这个故事就发生在英国。英国的气候特点是雨量充沛、风大雾多,因而由 fog 构成的英语词汇在英国人的语言里出现较多。和 fog 有关的词汇有 fogbound(因雾而无法安全进行的),in a fog(在雾里;坠入云里雾中),have only a foggy idea(对某事的意义仅有一模糊的观念)等。

(二)习语

英语中的习语有些来自成语典故,有些来自神话传说,有些来自文化著作,这些习语在长期使用中积累了丰富的文化内涵,因而学习英语绝对不能只按词语的字面意义去理解,必须充分理解其文化内涵。在教授"Biblical idioms in English"这一课时,教师可以先把文中的习语板书在黑板上,然后让学生阅读全文,在读懂课文的基础上,准确理解习语的意义,领会其深刻的文化内涵。

当然，在教学中还要重视那些理性意义相同或相近但情感意义、比喻意义、联想意义、搭配意义不同或差异较大的习语。

如在"Word power"中，有一些习语我们平时经常运用，而这些习语又与某一动物或事物的特性有关，为了让学生很好地掌握并达到运用自如的目的，教师可以把这些习语板书到黑板上，与学生们一起讨论学习。

实践表明，学生在学习了板书的习语后，能更好地掌握其文化意义，并顺利地完成书本上的巩固练习。

（三）背景知识

现行高中英语教材中的对话、课文及练习非常注重英语文化背景知识的渗透，教师在教学中应结合课文，适当介绍英美国家的历史、地理、风土人情等文化背景知识，突出课文背景知识中的文化内容，必要时，还可以和中国文化进行对比，以便更加形象地向学生呈现有关文化信息、文化内涵。

三、在高中英语教学中合理有效运用板书的具体措施

（一）借助板书导入新课，从而激发学生的学习兴趣

有创意的导入方法可以使学生的注意力高度集中，并能有效促使学生尽快投入相关内容的学习中。如果在课程开始之前，教师能够利用板书具有的直观性、可视性和趣味性等特点，指导学生欣赏相关板书的话，可以立即激发学生的学习兴趣，避免英语课堂的枯燥无味，能让学生在轻松愉快的氛围中学到知识。通过这种方式，教师不仅可以有效地活跃课堂气氛，还能充分调动学生的积极性和主动性，并能培养学生归纳总结的能力。

（二）借助板书促使学生积极参与课堂活动

现代教学理论认为，学生是课堂的主体，教师应该尊重学生的主体地位。因此，鼓励并积极引导学生参与课堂活动是教师的重要职责。为了最大可能地避免教师在课堂上唱独角戏的情况，教师可以借助板书这一有效的形式帮助学生用多种方式参与课堂教学活动，从而能够充分调动学生的积极性和主动性[1]。通过这样的环节，教师可以最大限度地使每一个学生都能够融入课堂活动中去，并以主人翁的身份主动地参与课堂活动，从而能够更为有效地掌握英语知识，提高英语技能。

（三）教师不断有意识地训练自己的板书能力

教师第一需要认真备课，每次上课前对板书做到心中有数，对于那些自己在短时间内无法解决的问题，在教研组或年级组提出来广泛征求大家的意见加以解决；第二

---

1 周中华. 高中英语教学中的板书设计研究[J]. 中学教学参考，2016（31）.

需要通过教研组教师相互听课、评课来指出存在的问题并提出解决的方案；第三是吸收教学行动研究的相关模式，通过教师自己的反思来不断完善教学的每一个环节，包括对板书设计的逐渐优化；第四是通过学生的反馈意见进行必要的调整。

第七节 课堂组织与调控

一、高中英语课堂组织

英语课堂教学活动的设计是教师创造性的劳动，而课堂教学活动的实施则是教师艺术性的再创造、再加工。教师所设计的英语课堂活动是否能在课堂教学活动中顺利实施，获得理想的教学效果，取决于教师在实施过程中对所设计活动的灵活运用和调整，取决于教师对教学原则、情感因素等诸多方面因素的综合运用与理解。因此，在英语课堂教学活动的设计与组织实施过程中，教师应注意以下几点。

（一）个性化

当今人类已跨过了工业化时代，正向后工业化社会，即知识经济社会迈进。在知识经济社会里，以计算机为核心的新科技革命，引起了社会各方面的巨大变革。在这场变革中，学校教育的目标和手段也发生了重大的变化，现代教育更加重视学生个性、独立人格及创造能力的培养。围绕这一教育目标，现代教育的手段更加强调灵活性、多元化和个性化，广大教育工作者为此进行了积极的探索，有过许多大胆的尝试和可贵的积累，通过课堂教学个性化的手段，争取更大程度地发挥课堂教学的效果。

在英语课堂教学中，教师要体现独特的教学艺术和鲜明的教学个性，必须以过硬的教学基本功和高尚的师德、师范作为实现的保证。过硬的教学基本功表现为教师具有良好的语音语调，正确、流利、优美的口语，扎实的语法功底和综合运用英语的能力等方面，同时教师要做到语言美、仪态美、板书美、教学设计美。高尚的师德、师范表现为教师重视自我人格的塑造，以身作则、学而不厌、诲人不倦，言行举止处处为学生做好榜样和示范，充分尊重学生，关心学生，用高尚的人格魅力，孜孜不倦的进取精神，强烈的求知欲和浓厚的学习兴趣，去感染学生、激励学生、影响学生，使个性化的课堂教学成为学生学习英语的动力源泉。

（二）始终体现教师的主导和学生的主体作用

在英语课堂教学活动中，教师始终是教学活动的领导者和组织者。在课堂上，教师启发、调动学生学习的自觉性、积极性和创造性。教师不仅要发展学生的智力，还注意培养学生的能力，结合课堂教学内容，创设语言情景，诱发学生参与交际活动[1]。

在课堂活动的实施中，学生是学习的主体，课堂的主人，应充分表现在学生对课堂的活动是主动的，而不是被动的，是抱着积极的态度而不是消极的心理，以饱满的状态参与各项教学活动，在教师的引导和诱发下，开展积极的创造性的思维活动。

（三）强调适应学生的个体差异

最大限度地挖掘学生的潜力，激发学生的学习兴趣，使学生学得主动、学得自然、学得高兴、学得有效。教师要寻找一种适应各层次学生学习的教学策略，对低层次学生采取拉着走，多鼓励，让学生吃得了；对中层次学生采用小步走，抓反馈，让学生吃得饱；对高层次学生采用主动走，促能力，让学生吃得好。这样的教学策略符合学生的认知结构，各层次学生发展所长，相互弥补，互相帮助，形成合作学习的气氛，促进学生向高一层次递进。

课堂上教师所组织的活动要面向全体学生，把精力放在全班的集体教学上。教师在设计和组织课堂活动时，要注意尽量照顾到每一位同学的情绪，调动每一位学生的积极性，让每一位同学都参加到教学活动中。

（四）使学生保持良好的心理状态

英语课堂教学要以一种或两种形式为主，辅之以其他形式，才能取得较好的教学效果。如果在教学中，教师长时间地采用一种活动形式，会给学生造成生理上的疲劳和心理上的抑制。教师在教学中，既要注意变换教学活动，以利于吸引学生的注意力，又要注意快慢得宜，疏密相同，劳逸结合，使学生心理感受有松有弛，保持良好的心理状态。

（五）加强课堂活动的组织工作

教师不仅要具有设计课堂活动的能力，而且还要有控制课堂的能力，即组织和管理能力，这样才能开展好英语课堂活动。在开展小组活动、全班活动中，教师应有能力做到放得开，收得拢，既热烈活跃，又井然有序，既不能管得太死，又不能是"放羊式"，这就要求教师要有强大的课堂组织管理能力。

在开展活动前，教师首先通过操练，使学生做好足够的语言准备。教师要把该活动的目的、要求、方法、步骤一一向学生讲清楚，使学生明白教师的意图，赢得学生的配合。在全班同学做活动前，教师应该以一组学生或教师与一名成绩较好的学生演示一下，以便学生很明确如何进行此项活动。之后，教师要积极地启动这项活动，检查和了解活动的进展情况，并给学生必要的帮助。在全班大部分同学已完成了这项活动时，教师不要消极等待活动的结束，而要主动停止这一活动，并在全班范围内抽查一下活动的结果，以便及时发现学生存在的问题并予以纠正。

1　朱媛. 调控焦虑以激活高中英语课堂 [J]. 考试周刊，2011（66）.

（六）气氛和谐情绪饱满，师生关系协调

课堂教学不但是知识信息的交流过程，也是师生情感交流的过程。学生们只有在和谐愉快的气氛中才能轻松地学习，才能最大限度地提高学习效率。在课堂的各种教学活动中，教师要亲切且耐心地启发，热情且充满希望地鼓励学生。教师要用积极的情感去激发学生的兴趣和积极思维，形成师生配合默契、气氛和谐、师生关系协调发展的环境。

二、高中英语课堂调控

在高中新课程改革的背景下，高中英语教师能自觉地运用"控制论"的原理，对英语课堂教学实施有效的调控，使课堂出现张弛有致、意趣盎然的教学格局，整个教学流程呈现出预定的、有序的、最佳的调控态势，这是高中英语新教材的教学的显著特点之一，也反映了教师的基本素质和能力。在高中英语课堂教学中，常用的调控方式有以下几种：

（一）教法调控

英语课堂教学的调控机制，在很大程度上就是刺激学生集中注意力，调动学生的学习积极性。从美学的角度讲，引起人们审美注意的一个重要因素，是客观对象的新异性和多样性。因而，课堂教学方法是否新颖、是否多样，也是决定能否有效地实施英语课堂教学调控的重要因素之一。

运用教学方法对英语课堂教学加以调控，首先，教师要克服教学方法模式化的倾向，追求教法的新颖性，以新颖的形式激发学生的求知欲，使之保持稳定的注意力。当前，英语课堂教学要一改教师讲、学生听的"注入式"陈旧模式，建立以学生主动参与活动为主的新模式，把学生置于教学的主体位置。教师不能越俎代庖地代替学生学习，而是重在诱导、引导、指导，让学生积极活动，主动参与，真正成为课堂的主人。教师引路，学生走路，使学生在教师的指导下，通过自学、思考、讨论、训练、实践等多种学习活动，独立地获得知识，培养能力。教师如同戏剧导演，可千方百计利用机会、实物、电教设备、课堂游戏、讲故事等方法设置情景，把尽可能多的时间与舞台让给学生，在真实或模仿真实的语言环境中，训练和培养学生运用英语的能力。

其次，教师不能总是固守某种单一的教学方法，堂堂用、年年用，而要追求教法的灵活性和多样性，以不断变化的信息去刺激学生的接受欲望，使之形成持久的注意力。英语教学实践证明，呆板的、千篇一律的教学，即使是一种较好的教学方法，教师久用而不变其法，学生也会感到索然无味，学习情绪低落。反之，教师如果能够根据英语教学内容和教学对象的特点，选择和运用多种教学方法，就会使学生兴趣盎然，

学习热情兴而不衰。总之，英语教学方法只有符合学生的心理特征和认识规律，才能对英语课堂教学具有稳固的调控功能。

（二）兴趣调控

兴趣是指人们积极探究某种事物和爱好某种活动的心理倾向，是推动学生进行学习活动的内在动力。当学生对学习产生兴趣时，总是积极主动，乐此不疲。因而，如果教师能激起学生浓厚的英语学习兴趣，以趣激疑，以趣激思，那么，英语课堂教学的主动权将牢牢地掌握在教师的有效调控范围内。

心理学认为，好奇心是学生学习兴趣的内因之一。揭示英语知识中的新异之处，可使学生猎奇喜新的心理转化为学习兴趣和求知欲望。英语知识内容丰富多彩，涉及人文、地理、历史、风俗及风情等。在英语教学中，教师要善于挖掘教材内在的吸引力，或以生动形象的语言，向学生描述绚丽多姿的事物和现象；或采用直观手段，在学生面前展示历史人物的传奇故事；或创造具体的英语故事情境，把学生带入"想象"的王国中探索，以满足学生的心理需求，激发学生的学习兴趣。同时，英语课堂问题的趣味性、科学性、启发性和灵活多样性，能激发学生学习的动机，鼓励学生参与课堂活动，积极地思考，从而促进课堂效率的提高，有效地控制课堂。

在英语教学中，教师走进学生，了解学生的爱好，所设计的问题就能够"投石激浪"，既可以激发学生的学习兴趣与求知热情，启迪思维，真正体现问的艺术，使学生产生耳目一新之感，又能使师生之间的感情得以充分交流，使课堂气氛处在教师预定的控制之中。

（三）语言调控

英语是一门语言，是人们交流思想感情的工具。在英语教学中，知识的传播，思维的引导，认识的提高，英语交际能力的培养，更需要通过语言这个载体来实施。英语教学无论用什么形式和方法，都离不开教师的语言。因此，对英语课堂教学的有效调控，在一定程度上取决于教师的语言基本功、组织和表达能力。

教师的教学语言应当准确科学，符合逻辑，遵循语法，通俗流畅，学生才能乐于接受，易于理解，印象深刻；教师的教学语言应当简明扼要，内容具体，生动形象，富有感情，这样才能集中学生注意力，激发学生的学习兴趣，调动学生的学习积极性；教师的语言还要语音清晰，音量适度，语速适中，有节奏感，音乐性浓，这样才能增强语言的吸引力和感染力，提高课堂教学效果。

在英语课堂教学中，使用语言讲究艺术性。一口纯正、标准、流利的英语，能给学生留下美好的印象。要做到这一点，教师就需要努力提高自身的素质，多听原声磁带，多模仿英美人士发音，平时应用准确、清晰、响亮、圆润的声音练习英语口语，这样的语音才具有魅力，才能在课堂上吸引并集中学生的注意力。同时，语调是语音的扩展和升华，具有很强的表意功能。如果在课堂中教师变换语调进行英语教学，学生就可以集中注意力，反应灵敏。如在教学"What is the time?"这一句式时，应根据上下文的情境来确定它的语调。譬如你问时间的心情是焦虑的，应用降调；但如果你还躺在床上，睡眼惺忪时，应用升调；长辈问小辈时应用降调；而小辈问长辈时，为了表示客气、礼貌则应用升调。抑扬顿挫的语调可以体现故事情节的跌宕或作者感情的起伏。而且，体态语在英语教学和实际交际中占有重要的地位。体态语言即通过手势、面部表情、眼神、动作姿态、外表修饰等非语言行为来传情达意的一种交流手段。体态语不仅能代替语言交际功能，而且能扩大交流范围，表现或掩饰内心情感，丰富语言，使语言表达更生动、更形象，简洁明了，提供大量信息，深化表达内容。英语课堂上，教师领读单词时，走下讲台，进入学生的"空间领域"，可以控制课堂，及时发现和纠正学生的语音、语调，使课堂变得有生气。做听写练习时，教师一边念一边适宜地走动，可以引起学生的注意，调动他们的积极情绪。如果这时某个学生不注意听讲或出现行为不当的时候，对待这种行为，教师只要表露出开始向这个学生走去的意向，就会使这个学生不当的行为迅速改变。此外，英语课堂中幽默生动的语言必然会拉近师生的距离，而师生间感情的输入必然会引发课堂上师生间感情的自然交流，这不仅使知和情统一起来，而且使得课堂上的英语交际活动、句型操练得以顺利进行。在愉快的氛围中，学生会愿学、乐学，注意力容易集中，能在愉快的环境中巩固所学的语言知识，使整个英语课堂教学处于一种张弛有致、跌宕起伏、生动活泼、饶有趣味的良性运作状态。

（四）情绪调控

教师的情绪直接影响着学生的情绪，是影响学生注意力最敏感的因素之一。学生学习情绪的高低，课堂气氛活跃不活跃，很多时候是与教师的情绪同步的。因此，教师在英语课堂教学中，要注意将自己的情绪调整到最佳状态。

首先，教师在课堂上始终都应该情绪饱满，精神抖擞，目光有神，满怀激情，对上好课充满信心。这样，学生势必就会潜移默化地受到教师这种激情的感染，精神振奋，情绪高涨。如果教师上课没精打采，情绪低落，两眼无神，则学生也将会情绪低落，甚至睡意沉沉，对于教师的讲授充而不闻。

其次，教师在讲解不同的教材内容时，应该表现出不同的神情。用热情自豪的神情讲祖国的风景秀丽、资源丰富，用严肃忧虑的神情讲当前面临的环境、人口等问题，用充满信心的神情讲祖国未来的前景。这样，学生就会情不自禁地与教师的喜、怒、忧、乐产生共鸣，达到"未听曲调先有情"的境界。教师的最佳情绪状态，是学生产生最佳心理状态的先决条件之一。教师上课时进入"角色"，以饱满的、愉快的、积极的情绪投入英语教学，真正用情去讲授，不仅可以为学生创设一种良好的学习情境，而且可以使学生受到教师情绪的感染，将全身心地投入英语学习中去。在这样轻松、愉快、和谐的教学氛围中，教师教学生动活泼，思路流畅；学生学习情绪饱满，思维活跃，整个英语课堂教学便处在教师积极主动的情绪调控之中。

（五）反馈调控

英语虽说是一门语言，但不是中国学生的母语，英语学习缺少语言环境，因此信息反馈尤为重要，它是英语课堂教学的关键环节。传统教学方法把学生看作信息接收的容器，教师讲、学生听，是单一的信息输出式课堂结构。教师输出的信息量大，而学生反馈的信息源少，教师对学生的学习情况心里没底，教学过程的调控也往往处于盲目状态。因此，要对英语课堂教学实施有效的调控，必须改革教学方法，加强教学信息反馈。在英语教学中，教师要改变唱独角戏、满堂灌的做法，重视学生的主动参与意识，师生共同活动，做到有启有发、有讲有练，善于创设信息反馈的教学情境，开辟多种信息反馈的渠道。教师通过提问、讨论、练习等多种方式，及时从学生那里获得反馈信息，并做出简捷、精辟、深刻的分析，从中了解学生对教师输出的知识信息接收和理解的程度，哪些已达到了目标，哪些还有差距，及时调控教学进程，调整知识信息的再输出，扬长避短，亡羊补牢。同时，教师还要善于及时捕捉学生的听课情绪、神态等间接的反馈信息，透过学生的眼神、情态去识别他们那丰富的表情语汇，透视出他们那灵活跳跃的思想火花，从中推测和判断他们对教师输出的知识信息，是否理解、满意、有兴趣、有疑问，进而迅速调整教学措施，并将教学继续引向深入。

英语教学实践证明，只要教师重视和强化教学反馈功能，创设种种情境，采用多种形式诱导学生做出及时反馈，并善于利用学生的反馈信息，因势利导，及时调控教学进程，就能够把教与学有机地统一在一个最佳的程序之中，就能够使英语课堂教学收到满意的效果。

（六）机智调控

在英语课堂教学中，教师往往会遇到来自自身、学生和外界的意想不到的偶发事件。对于这些偶发事件，教师若处理不当，就会影响正常的教学秩序，甚至会导致一堂课教学的失败。因此，教师应具备一定的教学机智，做到临"危"不乱，处变不惊，快速做出反应，当机立断，及时采取适当的处理措施，化被动为主动，有效地调控英语课堂教学。

第四章　高中英语高效课堂构建的内容

第一节　高中英语阅读教学

自英语在我国普及以来，英语教学一直是我国的重要教育任务，尤其是在改革开放后，英语的热潮一直没有退去，因此英语教育制度也迎来了重要的改革，逐渐进入稳定发展的状态。英语热教育现象的出现，带来了一系列的社会效应，我们从中可以发现，英语在我国的地位不断增高，其在高考分数中所占的比例就能表明这一点。然而目前的英语测试都是将综合知识的应用能力作为评判的重要标准，不需要丰富的词汇量，对于英语阅读方面也有着严格的要求。

一、高中英语阅读教学现状

（一）教师教学模式落后

目前，大部分的教师在进行阅读教学的时候，并没有依据相关的阅读教学理论来进行，只是逐字逐句地解释和分析，甚至有部分教师实行的都是在阅读后公布答案的方式，这使得学生们逐渐养成了只关注答案的现象，而忽视了对于阅读材料内容、语言结构、中心思想及写作技巧等方面的学习。这些都是因为有部分教师认为理论对于学生的阅读并没有什么用，因此只关注教学任务的完成，而不注重深入研究和探索，并没有形成科学有效的教学模式。

（二）学生阅读能力较差

部分学生在进行阅读的过程中总是习惯于逐字逐句地阅读，有时甚至用手、笔等工具指着文章进行阅读，以完全读懂文章为目的，这种方式对于视觉信息的依赖极为严重。加上他们在阅读文章时习惯于用汉语的思维来理解文章内容，有时甚至不停地查找词典，忽略了对于文章整体性的理解，在遇到阅读量大及生词较多的文章时，就很容易形成放弃的思想。而且现有的高中学生们的有效阅读明显不足，部分教师忽视了课外阅读的重要性。

(三)学生非语言因素影响

学生的心理状态、身体状况、跨文化意识及阅读品质等都会影响英语阅读教学的效果,而这些都是学生的非语言因素。部分学生的心理素质较差,在遇到生词较多的阅读材料时,非常容易不知所措,在阅读时心态就会受到严重影响,这种情况下的阅读,学生是处于被动状态的。而学生的身体状况对于阅读的效果也会有着严重的影响,因为学生的任务重、压力大,如果在睡眠不足及疲惫不堪的情况下,就会严重影响他们的思维能力和反应能力。

二、新课标背景下高中英语阅读教学的策略

(一)构建和谐的师生关系

理解学生是教师顺利进行教学的重要前提,对于学生的理解程度甚至决定了教师所使用的教学方式,教师要正确地了解学生就需要具备科学的学生观,这样才能预防和纠正其学生观上的偏误,在了解学生身心发展规律的基础上,形成自身严谨的教学风格。教师在理解学生的同时还需要关注学生间的个体差异性,这样才能够充分认识到不同发展水平学生间的需求,并进行因材施教,在抓住学生的个性和特点的同时,教师和学生间的距离也会随之拉近,在进行英语阅读教学时达到知行合一的境界。良好的教学氛围是促进师生关系更加和谐的重要因素,因此教师应当积极与学生进行互动和沟通,创建一个真诚、信赖、合作的和谐文化环境,在协调的认识与情意活动中,共同完成教学的任务及目标。

(二)发挥学生的主体作用

每个人都有着实现自我价值的需求及自我指导的能力,当人在不断完善自我的时候,就会爆发出自身的潜力及意志力,也就是说当学生们意识到自身所需要调动的因素时,就会有意识地依据学习的内容充分调动起自身的情感、价值及感官等因素。因此增加学生对于自身主体地位的意识,能够有效增强他们的学习动机,从而提升学习的效果。而教师在进行英语阅读教学的过程中,也应当创建出积极的课堂教学氛围,使学生们的注意力更加集中,思维能力也得以增强,在教学的过程中师生保持着热情,能够有效提高双方的默契,课堂纪律也会更加良好。

(三)利用多样化教学资源

在进行英语阅读教学的过程中,教师所使用的除了核心的教学资源外,还有着诸多的辅助教材,如练习册、多媒体课件等,因此在条件允许的情况下可以依据学生们的个性和喜好来选择教学的资源。加上近年来科学技术的不断发展,诸多电子产品的普及,现代英语教学也有了更好的视听材料及真实化的生活场景,教师们只需利用投影

仪及计算机等多媒体设施即可将图像、视频等资源展现给学生,对学生的多重感官形成刺激,从而提高英语阅读教学的效果。不过需要注意的是,无论使用什么教学辅助工具都需要把握一定的限度,多媒体的使用并不能代替师生间的语言交流、思想碰撞、情感互动和人际交往,因此在教学中还需要充分发挥出传统教学手段及资源的作用。

阅读不仅是读者和课文间的信息加工和互动方式,也是帮助学生同化和发展的重要过程。在高中阅读教学中,教师只有重视起学生的语言能力,不断扩充他们的语言深度和广度,加强学生们的阅读量,丰富学生们的阅读内容和形式,辅以良好的策略训练,才能够使学生们具有良好的阅读习惯,并最终使得英语阅读教学的策略得到优化,为学生形成终身学习观念奠定良好的基础。

三、高中英语阅读教学中的文化渗透

高中英语阅读中存在很多的文化差异性因素,这需要学生重点关注,通过文化的渗透强化学生对问题的理解程度,强化学生英语使用的技巧,帮助学生全面地把握英语和准确地掌握英语,也给学生融入更多的文化意识,为学生的学习打下坚实的基础,更好地融入国际一体化的语言氛围当中。基于此,本部分对高中英语阅读教学中的文化渗透进行研究和分析。

(一)高中英语阅读中的文化渗透

高中英语教学主要的目的就是让学生掌握更多的英语学习知识,让学生能够在阅读中有更多真切的感受,有学习英语的环境和氛围。英语学习不仅仅是理论的学习,还要在生活中进行有效的实践,以此体现文化当中存在的各种差异,让学生能够对异国文化有更多的了解,尤其是日常用语的含义表达。口语交际能力及英语综合能力的提升需要加强英语交流的熟练程度。高中英语阅读当中教材量十分大,除了要有必备的词汇学习及句式句型之外,还要了解西方人的说话口吻、西方人的说话特点及西方人的生活习惯。教师在阅读教学过程中渗透更多的文化知识,让学生能够领会阅读的主旨,提升阅读能力和写作能力。除了这些以外,不同的文化当中还有很多不同的文化风情,对于这些知识的了解能够极大地拓宽学生的视野,还能让学生有更多的国际性意识和国际性观念,了解国际形势,并且了解国际政治。文化的碰撞能够让学生有更多的现代化英语学习意识,这也是英语阅读教学中的关键点所在。

(二)高中英语阅读教学中的文化渗透办法分析

1.课前导入工作的文化渗透

英语阅读教学不仅仅是语法、词汇的教学,还有文化内容。教师在课前导入中使用文化的概念就需要教师做好课前导入的准备,使用图片、视频、语音等形式激发起学生学习的好奇心,并且让学生在阅读中展现出主动性,提升学生的思维能力和语言分析能力，在阅读过程中能够找到和体验到东西方文化之间的不同性。

例如，一些西方国家对于"help"的理解就是不相同的。在中国，比较主张要提供一些所需要的东西，但是在美国就是创建一些有利的环境。文化之间的不同教师可以使用图片、视频对话的形式展现出来。

2. 课堂阅读形式的优化

英语阅读教学过程中教师需要关注文化的渗透性，并且对于课堂阅读要进行创新形式的教学，明确阅读过程中的任务和阅读学习的目标。教师使用高效、科学的方式对学生的阅读加以引导。在此过程中，首先，教师就要对整体阅读材料的内容还有结构方面的特点进行熟悉，了解文章的中心思想所在，并且对文章进行层次性的划分，从简单到困难逐层递进，这样学生对于句子和段等整个文章就会有把控，进而对文章中的不同文化有深刻的了解和体会。教师要给学生创设一定的文化氛围和文化场景，语言是交际的基本工具，在传授语言知识的过程中还需要对语言场景进行描绘，学生只有在真实的语言情境当中才能对语言材料进行更多的理解，为了能够让学生了解文化知识就需要给学生创建文化氛围，例如，教师在阅读中让学生了解悉尼歌剧院、自由女神及一些肯德基快餐的广告画等，同时让学生对一些中国传统文化进行列举，不断地开拓学生的视野，强化学生对文化概念的理解，常见的有长江文化、国宝熊猫还有长城及书法、贴画等。每一个国家都有自己的文化标志，学生在阅读中对此进行了解能够感受到西方国家使用英语的文化氛围，尤其是感恩节、圣诞节等宗教节日在阅读当中的出现，以此体现出不同国家的 Festivals。经常接触，多听多练，才能避免在学习过程中产生更多的尴尬，才能避免出现更多的误解和笑话。

3. 阅读课后的拓展训练

课堂阅读教学中教师需要满足学生的多种教学要求，因此要开展课后拓展训练，在训练过程中丰富阅读材料和阅读资源，让学生有更多的文化概念，收获更多的文化信息，以此实现更为理想的教学效果。在阅读之后，教师可以从教材出发，找到不同主题的文章给学生阅读，让学生在理解其中的表达观念之后说出文化之间的差异，还可以使用表演的形式把阅读中的内容展现出来，表演出来，通过对话的形式，让学生在理解的基础上运用，提升学生对文章的分析能力，理解能力，以此弥补课堂英语阅读教学的不足和空缺。

例如，在学习 The lecture background as to western festivals and Chinese festivals 之后，教师就可以让学生自己列举出两个国家在节日上的异同点，都要举行哪些节目或者宴会，在节日期间人们的思想和行为是怎样的。这些都可以在小组讨论或者角色扮演中演绎出来，还能够让学生对文化有更多不同的区别方法和把握，更好地提升学生的英语学习力度，让学生更加了解英语，更好地学习英语。

综上所述，本部分对高中英语阅读教学中的文化渗透进行了分析和研究。高中英语是学生学习的必要科目，学生在学习之后需要对英语当中的相关内容有更多的把握，并且还能够对中西方文化之间的区别有更好的理解，提升学生的阅读效率，提升学生的英语感知力。

四、高中英语阅读翻转课堂教学模式应用研究

（一）立足预习，提前布置任务

翻转课堂教学模式与传统的教学模式最大的不同就在于预习，在翻转课堂教学模式中预习成为影响教学成功与否的关键因素。因为翻转课堂教学模式能否顺利开展，主要取决于学生对教学内容的熟悉程度，而预习则是熟悉教学内容的唯一途径。因此，要顺利地开展翻转课堂教学模式就要立足预习，提前布置任务。例如，在学习 The Olympic Games 中的阅读部分时，教师在进行阅读教学之前要为学生布置任务，使学生先对课文进行预习，以达到充分熟悉的程度。本篇阅读是对奥运会的介绍，教师通过布置相关的问题和任务，使学生通过查资料和预习课文的方式全方位地了解奥运会。只有当学生对奥运会的起源、奥运会的现代化、奥运会的举办模式等知识了解透彻后，教师才能在课堂中有效地开展翻转课堂教学。

（二）重视导入，激发学生兴趣

翻转课堂教学模式的主要特征就是有效地抓住学生的心，吸引学生的眼球，使学生对学习产生浓厚的兴趣。因此，在实际教学过程中，教师要利用课堂导入环节，通过精妙的导入设计，激发学生的学习兴趣。对于高中英语阅读教学来说，课堂导入环节激发学生的学习兴趣，能够有效地提高学生对课文内容的好奇心和探索欲。例如，在学习 The Olympic Games 中的阅读部分时，学生在进行了充分预习的基础上，教师要做到在课堂导入环节引起学生的共鸣。本单元的主题是奥运会，因此，教师在课堂导入环节要主打奥运牌。教师在课堂导入环节可以播放相关的奥运比赛视频、中国运动员夺冠瞬间的视频、相关的图片等，通过这样的方式引起学生的共鸣，使学生产生很想要学习课文内容的动力和探索欲。因此，在课程导入阶段，教师充分调动学生的积极性和学习兴趣是顺利开展翻转课堂教学模式的保障。

（三）抓住关键，提高课堂效率

翻转课堂教学模式的另一大特征就是抓住关键，在教学中对知识点进行针对性的精确讲解，从而使学生能够有效地掌握课文中的重点，提高课堂的教学效率。翻转课堂教学模式最大的亮点就是学生已经在预习阶段完成了教学的一半任务，因此，在课上讲解的阶段，教师可以有更多的时间和精力对课文中的重难点进行详细讲解。

（四）学生为主，发挥主体作用

翻转课堂教学模式就是要以学生为主，充分地发挥学生的主体作用，充分地调动学生的积极性和主动性。"翻转课堂"，顾名思义就是对传统的课堂模式进行颠覆和创新，弱化教师的角色，强化学生的主体地位。在翻转课堂教学模式中教师要通过小组讨论、学生辩论、情景剧、交流会等形式，组织和开展阅读教学。例如，在学习 The Olympic Games 中的阅读部分时，教师在对课文的中心思想进行讲解时，可以将全班分为若干小组，让学生在小组中讨论，然后各组派代表依次发言，最后教师进行总结和发言。在这一过程中，本篇课文的中心思想是学生通过自己的思考和团体的协作总结出来的，不但锻炼了学生的独立思考能力，同时也锻炼了学生的交际能力和语言表达能力，使学生对课文的理解更加到位和深刻。因此，在实施翻转课堂教学模式时，教师一定要以学生为主，发挥学生的主体作用。

（五）有效总结，注重学生思考

翻转课堂教学模式重视学生的独立思考能力和反思总结能力，因此在实施翻转课堂教学模式的过程中，教师要充分地重视课堂总结和反思。例如，在学习 The Olympic Games 中的阅读部分时，在最后的课堂总结阶段，教师可以通过"学生提问，学生回答"的方式对课文进行总结。例如，一个学生提出自己的疑问和不解，让其指定教师或者是相关的同学进行解释和回答。在这一过程中，师生之间、生生之间就会迸发出思想的火花，从而促进学生的理解，对课文进行有效的总结和反思。

翻转课堂教学模式是一种全新的教学模式，对于高中英语阅读教学有着积极的促进作用。在实施翻转课堂教学模式的过程中，教师一定要坚持立足预习、重视导入、抓住关键、学生为主和有效总结的原则，从而充分发挥翻转课堂教学的作用，促进高中英语阅读教学效率的提高。

第二节　高中英语写作教学

高中英语写作教学策略是写作教学中的重要环节，主要为了提高学生的写作能力，但受传统教学方式的影响，很多老师忽视学生在课堂上的地位，只对学生讲解范文，导致学生缺少学习英语写作的兴趣。教学创生视角下的高中英语有效写作教学策略能够有效改变这一现状，提高学生学习的积极性，进而提高学生的英语水平。

一、教学创生与高中英语写作教学的有效性

（一）教学创生能够优化写作教学效果

教学创生建立在教学预设基础上，教学创生模式改变了传统的高中英语写作教学模式，是新课标改革下的必然趋势，符合高中生的学习情况。写作教学要以教学内容和学生的实际情况为基础，创造性地开展教学活动，教学创生能够提高学生对于写作的兴趣，进而提高课堂教学质量。与阅读教学不同，写作教学的教学方法没有固定的模式，高中英语老师要根据学生的喜好开展教学内容，不断改变教学模式，进而提高学生对于写作的热爱，让学生主动进行写作，从而达到教学目的。教学创生要求老师与学生在现有基础上进行创造和生成，用学生喜欢的方式进行教学，进而生成具有学生特色的写作方法，教学创生重视学生的个性化发展，提高学生的综合能力。

（二）教学创生在写作教学中的应用特征

写作是对学生所学知识的一个整合过程，能够体现出学生的思想，学生要对已经掌握的知识进行创造，生成符合自己风格的东西才能写好文章，教学创生体现了学生的独特性。写作最主要的特点是实际性，写作是建立在学生对学习知识掌握的基础上，只有把所掌握的知识应用到创作过程中，才能表现出一定的情感，使文章具有较强的感染力。

二、高中英语写作教学创生特点

（一）交际性

生活是创作的主要源泉，优秀的写作与生活紧密相连，交际性主要是老师在写作教学过程中，要选择与学生生活紧密相关的题目，学生只有在比较熟悉交际题材的前提下，学生写作思路才能被激发，从内而外地表达出自己的情感，进而提高写作能力。例如，在教《A healthy life》这一课时，老师可以让学生写一篇《健康的生活方式》的英语短文，假定你是高中生李明，北京人，你的外国笔友约翰喜欢健身，你向他了解关于健身的一些方法。老师可以让学生根据情境要求写一篇短文。这种方式不但与学生生活息息相关，还能充分发挥出学生的联想能力，拓展学生的写作思维，进而提高学生的写作能力。

（二）实践性

教学过程越来越重视培养学生的实践能力。在写作教学中，老师也要重视对学生进行实践性教学，老师要鼓励学生发表自己的想法和观点，这样才能让学生在写作时有可写的内容。同时，老师还要让学生多动笔练习，可以每天记录一句话，时间久了

就会发生质的变化,学生在写作中会提高对词和句的表达,进而提高学生对于写作的兴趣,进一步提高写作水平。

(三)过程性

受应试教育的影响,很多家长只关注学生的英语成绩,忽视学生的学习过程,导致学生的压力较大,缺少学习的积极性。因此,在高中英语写作教学中,老师应根据教学内容对学生进行积极的引导,培养学生的写作能力,在写作教学中,老师要让学生进行自由表达,根据学生的写作成果进行科学的评价,注重在写作过程中学生能力的提高。比如,在教《Wildlife protection》这节课时,这篇文章的主要话题是"保护野生动物",文章涉及熊猫、长颈鹿、东北虎方面的内容,老师可以对学生进行积极的引导,增强学生对于保护野生动物的责任感,加强老师与学生之间的交流,从而写一篇关于保护野生动物的作文。因此,老师和学生要把写作教学当成目的,共同探索和感受写作互动过程,在这个过程中,提高学生的写作水平。

三、加强高中英语有效写作教学的策略

(一)使用过程教学法提升学生写作能力

过程教学法主要是把重点放在培养学生的写作过程中,开拓学生的视野,从而让学生掌握更多的知识。在这个过程中,老师要培养学生的写作能力,把学生所掌握的知识有效运用到写作中,并且把优美的词句进行创生,生成体现学生自己思维的新句子,形成学生独特的写作风格,进而提高学生的写作能力。在写作教学过程中,老师要让学生确保所写的句子没有语法上的错误,这就要求学生掌握一定的语法知识,让学生确保简单句准确的基础上,再进行复合句的练习,从而提高英语成绩。

(二)利用培养学生阅读能力达到有效写作教学

长时间阅读英语课文,能够培养学生的英语语感,让学生掌握更多的写作材料和背景知识,从而为学生写作提供充分的材料基础。学生阅读文章还能培养学生对于同类型文章的归纳能力,掌握每种类型文章的写作特色,让学生在写作时能够对文章的构造有全面的认识,进而加强学生对于英语写作的认识,从而提高学生的英语写作能力。例如,在对"Failure and Success"这篇文章阅读时,学生能够从 Failure is the mother of success 这句话中受到启发,只有经历失败才能获得成功,学生在阅读时可以积累这样的句子,从而在写作中得到有效应用,成为文章的亮点,进而提高学生的英语成绩。比如,在写作与生活态度相关的文章时,学生可以有效利用文章中的句子,这不但能够丰富文章内容,还能增强学生对于写作技巧的表达,进而提高学生的写作水平。

（三）利用交际性写作提升写作教学的有效性

交际性写作教学是贴近生活的一种写作教学模式，老师可以选择与学生相关的话题让学生进行创作，让学生掌握交际的方式和对策，通过这样的写作方法教学能够让学生在情境中进行写作，这样不但能够提高学生对于写作的全面认识，还能提高课堂教学质量。例如，老师可以让学生写一封英语邮件，设置下面的情境：你的美国朋友John喜欢中国食物，希望你能为他简单介绍。学生在写作之前，老师可以让学生写出一些食物的单词，再对语法知识进行讲解，从而让学生写出优秀的文章。

（四）教学方案及导学方式

教学方案是老师对教学内容、学生认知情况编制的引导学生学习的学习方案，教学方案要根据学生的实际情况进行合理设定和修改，主要是为了提高学生的学习水平。在写作教学过程中，老师可以使用教学方案导学这个教学方式，增强师生之间的交流，老师能够了解学生的学习情况，从而对教学方案进行修改，进而提高学生对于写作的兴趣，从而提高学生的写作能力。

写作教学是高中英语教学中一部分重要的内容，从教学创生视角下开展写作教学，不但能够提高学生写作兴趣，还能突出学生的主体地位，进而提高学生的写作水平。因此，老师要根据写作教学要求与学生的发展需求相结合，采取相应的教学方式，把写作教学与学生的生活紧密结合，提高学生的写作能力。

第三节　高中英语词汇教学

一、试论组块记忆在高中英语词汇教学中的运用

当前高中英语词汇学习方面存在诸多问题，如学生记忆单词的方法机械单一、学习英语词汇的主动性不强及英语老师教学方法机械等，这些都不利于素质教育在高中英语教学中的落实，针对这种情况，高中英语老师可以采取词义联想、图片联想、搭配联想及前后缀联想等组块记忆方法，扩大学生的词汇量，强化学生对单词的记忆。

（一）高中英语词汇的学习和教学现状

（1）采取机械记忆法记忆英语单词。目前，高中学生在英语单词的记忆方面，以英语课本后面的单词表为主，采取死记硬背的方式进行集中记忆，记忆的时候习惯拼读词汇中的每一个英文字母，而忽略了词汇的发音规律，记忆单词所对应的中文意思时，也是采取一一对应的方式，而没有将单词放入文中，根据语境记忆，英语思维模式被忽视，因此学生学习英语词汇的效率也普遍较低。

（2）单词的巩固复习不到位。英语单词不是记一遍就能记住的，有理论研究表明，学习之后会立即开始遗忘，而这个过程存在不均匀的特点，但是很多高中学生忽视了这一点，对单词进行一次集中记忆之后，就放任不管，只注重当时的记忆即时效果，而没有对后期的巩固和复习加以重视，时间长了就全部忘记了；还有些学生，针对这个问题采取突击记忆法，为了防止英语考试的时候忘记词汇，只在考试的前几天对单词进行突击记忆，没有后期的巩固和复习，考试结束后，单词也忘得一干二净，这为后期的英语学习均埋下了较多的隐患，英语的学习水平永远无法得到提升。

（3）词汇的运用主动性不强。目前高中学生学习英语主要还是用来应付考试，在生活中很少运用到英语。因此，高中学生学习英语主要依赖于老师在课堂上的讲解和英语教材，很少有学生在课后阅读英文读物，更不会和同学之间用英语进行交流，英语的学习作业几乎都发挥在考试上面，学生运用词汇、学习词汇的主动性不强，很多学生处于被动的地位，只在临近考试的时候才会学习英语词汇。

（4）老师教学方面的问题。除了学生方面的问题，老师在教学方面也存在一些问题，主要表现在教学模式上。据笔者调查得知，如今很多高中英语老师受应试教育的影响，采用传统的教学模式，单词教学以让学生学会背诵和默写为主要目的，而忽视了词汇应用方面的指导，不断督促学生记忆单词和默写单词，甚至采取一遍不行再来一遍的方式，直到学生全部会默写为止，学生在这种机械的教学模式下，逐渐对英语学习产生抵触心理。除此之外，还有一些英语老师在讲解单词的时候，脱离语境，只是将单词单独拎出来解释，尤其是在课件制作上，将单词单独列出来，并且列出单词的多种词义和用法，学生只能机械地记忆这些单词，词汇的英语能力和表达能力并未提高。

（二）组块记忆在高中英语词汇教学中的应用策略

（1）词义联想。在小学生字生词教学中，语文老师经常采取记忆近义词和反义词的方法拓展课堂教学内容，加强小学生对生字生词的记忆。高中英语老师也可以借鉴这种教学方法，利用同义词和反义词的记忆方法，帮助学生加深对单词的印象，并且拓宽学生的词汇量。例如，学习名词 light（灯）的时候，就可以引入 lamp（灯）这个单词，学习 woods（树林）这个单词的时候，就可以引入 forest（森林）这个单词。动词也可以采用同样的记忆方法，如学习 hope（希望）的时候，可以引入 wish（希望），也可以引入 want（希望，想要）这个动词，学习 know（知道）这个词的时候，可以引入 learn（知道），也可以引入 understand（知道，了解）这个单词，学习 make（制作）这个单词的时候，可以引入 produce（制作，生产）这个单词。形容词的记忆也是如此，如学习 bad（坏的）这个形容词的时候，可以引入 terrible（坏的）这个形容词，学习 bright（聪明的）可以引入 clever（聪明的）这个形容词。这样的教学方法，不仅可以极大拓宽学生的词汇量，还能够加深学生的理解，学生可以利用熟悉的单词去记住较为陌生的单词，这样的记忆方法，能够达到事半功倍的教学效果。除此之外，英语老师还可以在新词汇教学之中，让学生自己动手找新词汇的同义词和反义词，可以有效激发学生的学习积极性和学习兴趣，长此以往，学生的词汇量就能得到极大增加。

（2）图片联想。随着信息技术的发展，多媒体教学已经渗透到各个学校的课堂教学之中，英语老师要改变传统的灌输式教学模式，利用多媒体教学资源，突出学生在课堂上的主体地位，尤其在英语词汇的教学方面，多媒体教学设备可以发挥出极大的作用。据相关研究结果显示，图片能够加深学生的记忆，因此，英语老师可以利用多媒体设备，给学生展示相关的图片，让学生根据图片内容说出对应的英文单词，英语老师同样可以在教学之中应用这种图片搭配单词的方式加深学生的理解。例如，老师在教"tent"这个单词的时候，可以给学生展示一张帐篷的图片，学习"thief"这个单词的时候，给学生展示一张鬼鬼祟祟的小偷图片，这样能够有效加深学生对单词的记忆，在单词学习完之后，老师再去掉单词，给学生展示一张小偷或者帐篷的图片，让学生说出对应的单词，这样能够起到有效的巩固作用。

（3）搭配联想。高中的很多词汇有着固定的搭配方法，如果英语老师能够利用这一点进行英语词汇教学，不仅能够增加学生的英语词汇量，还会让学生掌握单词的使用方法。如，学习"once"这个单词的时候，老师可以引入很多的固定搭配 once again（再一次）、once and for all（永远地、一次了结地）、once in a while（有时、偶尔、隔些时候）、once more（再一次）、once upon a time（从前）、all at once（突然、立即、马上）、at once（马上、立刻）。这样，学生不仅学会了"once"这个单词，还学会了一系列的与"once"有关的单词及短语，这样，学生在掌握单词的基础上掌握了用法的组块得到扩大，英语学习效率也逐渐得到提高。

（4）前后缀联想。高中单词词汇量丰富，但是只要仔细研究我们便会发现，很多单词有着相同的前后缀，英语老师可以利用前后缀加强学生对词汇的记忆，同时，英语老师在教学中，可以利用单词相同的前后缀引入更多与所学单词相关的缩略词、转化词、合成词及派生词，这样不仅能够扩大学生的词汇量，还能让学生掌握到英语词汇的学习方法，即构词法，学生在以后的英语单词学习中就会善于使用这种方法展开联想，从而掌握更多的单词。例如，学习 impossible 的时候，老师可以带领学生巩固一下 possible 的词义，又如，学习 spaceship 的时候，老师可以带领学生将其拆开，利用 space 和 ship 进行记忆，这样会起到举一反三的效果，提高学生的英语学习效率。

综上所述，高中的词汇虽然数量较多，但是只要我们加以研究就会发现很多词汇之间都有一定的联系，英语老师要善于挖掘这些联系，培养学生组块记忆单词的意识，让学生不仅记住单词，还能学会应用单词，养成英语词汇的学习能力，提高英语整体学习效率。

二、新课标背景下的高中英语词汇教学探究

词汇是语言的建筑材料，是英语学习的基础。英国著名的语言学家威尔斯说："没有语法，人们表达的事物寥寥无几，而没有词汇，人们则无法表达任何事物。"

教育部2003年颁布的《普通高中英语课程标准》对高中毕业生掌握八级词汇的目标描述是这样的：运用词汇理解和表达不同的功能、意图和态度等；学会使用3300个左右的单词和400~500个习惯用语或固定搭配。

目标描述中的三点都提及了词汇的运用，这说明"运用"是高中词汇教学的核心目标。词汇的运用就是学生具备在真实的语言情景中用所学词汇来表达意义、传递和交流情感的能力。然而，当前的高中英语词汇教学中存在诸多问题。针对这些问题并结合教学实践，笔者从以下几个方面探讨了高中英语词汇教学的策略与实施。

（一）高中英语词汇教学问题分析

1. 词汇教学脱离语境

在词汇教学过程中，教师习惯在课堂上讲解大量词汇知识，学生被动地在课堂上忙于做笔记，课后简单地、机械地记背词汇。这是高中英语词汇教学普遍存在的现象。由于在词汇教学中缺失语言环境，学生对所学词汇的理解不深、一知半解。教师和学生双方在词汇的教与学上花了大量时间和精力，但教学效果并不理想。

2. 词汇教学缺失思维

在词汇教学中，教师对词汇的语义拓展不重视，或在进行词义拓展教学时，没有引导学生如何运用隐喻思维去理解词汇的引申含义。由于缺乏对词汇的隐喻思维能力，学生只能死记硬背，不能借助隐喻思维自主理解和内化词汇的多个引申含义。因此，一词多义词汇给学生的词汇学习带来很大困难。

3. 词汇教学不分主次

在进行单元词汇教学时，教师往往对单元所要求教学的词汇不分主次，没有重点，对每个词汇的讲解一视同仁，平均用力，对出现率高、使用率高的高频词汇没有重点教学。这种不分主次的词汇教学不仅给学生的学习造成过多负担，而且因为抓不住教学的要害，导致词汇教学事倍功半。

（二）高中英语词汇教学策略

1. 依托文本语境，创设词汇教学环境。语言的使用与语境如影随形，不可分离。语言和语境之间的关系，如同鱼和水。语言是鱼，语境是水。语言应结合语境来学（王初明，2010）。词汇教学与语境的关系是密不可分的。大多数单词有两个或者两个以上不同的意思，语境提供了正确理解其意义的必要手段，只有将词汇放置在特定的语境中教学，才能让学生理解其确切的、完整的意义（彭荣华，2016）。众所周知，一个个

孤立的词汇不容易记忆。但如果将一个个孤立的词汇放到句子、语篇中去，引导学生在语境中利用猜测、联想、归纳去理解词汇的用法，记忆词汇就变得更加简单。因此，在语境中教学词汇是非常必要的。作为英语教师，我们要改进词汇教学策略，积极创设合适的语境，在语境中呈现词汇，让学生在语境中领悟词汇的意义和用法。此外，语境应该是真实的。也就是说，教师在进行词汇教学时所创设的语境不能脱离学生生活，要尽可能创设符合学生心理特点，符合学生认知水平的语言话题。因为只有真实的、生活化的语言情境才能吸引学生，并激发他们积极参与词汇学习的兴趣。

2. 介入隐喻思维，提升词汇活用能力。经验现实主义哲学观认为：人类的认知蕴于身体，所有的规约性的概念隐喻都根植于我们的生活，基于人们的生理、生活经验及所产生的结构相关性。由于任何一种语言的词汇相对于纷繁复杂的客观世界和人类丰富的内心世界而言，都是极其贫乏的，所以，为了有效地进行交流和出于经济的考虑，必须借用其他方面的词汇来表达相同或类似的意思，其主要方法就是使用隐喻手段。隐喻可以帮助我们利用已知的事物来理解未知的事物，或者帮助我们重新理解已知的事物。隐喻是以喻体和本体之间的相似性作为意义转移的基础，这种本体域与喻体域之间的结构相似性是隐喻使用和理解的依据。隐喻可以传达新信息，是一种认知工具（束定芳，1998）。由此可见，引导学生利用隐喻思维拓展、理解词汇的不同词义很有必要。但目前，我们很多英语教师对隐喻理论概念还认识不深或处于未知状态。因此，在进行词汇教学时，我们对词汇的内涵意义和隐喻意义很少涉及，这就造成了学生学习词汇的不彻底性，限制了词义扩展能力的发展。

词汇的隐喻含义一般都是在其核心词义的基础上发展而来的。因此，在多义词教学过程中，教师要引导学生发挥隐喻思维能力，理解以核心词义为中心引申出来的不同语义，培养学生在词汇学习中具备良好的思维习惯。只要学生有一定隐喻思维能力，学习多义词并不是一件困难的事。

3. 抓住重点词汇，提高词汇教学效率。"牵牛要牵牛鼻子"，比喻办事情要把有限的力量放在抓住重点上。牵住了牛鼻子，抓住了事物的主要矛盾，也就抓住了解决矛盾的关键，事情就能迎刃而解。词汇教学也是这样。抓住了词汇教学的主要方面，就能破解词汇教学这一难题。词汇教学的重点就是高频词的教学。而高频词的教学又是词汇教学的难点，因为高频词往往具有词性和词义的复杂性。因此，在词汇教学中，教师的主要精力和时间应该放在高频词的教学上，建议在教学每个单元的词汇之前，教师可先参照《普通高中英语课程标准》对单元里的词汇进行分类，确定哪些是要求学生运用的高频词汇，哪些是只需要理解或记忆的词汇。然后根据要求进行单元词汇分类，有针对性地设计不同的教学手段，有所侧重地展开教学。主次分明的词汇教学策略既能提高词汇教学效率，同时也减轻了学生学习词汇的负担，从而增强了学生学习英语的信心。

词汇教学是高中英语教学的重点。本部分就目前高中英语词汇教学存在的问题进行了分析和思考，探讨了词汇教学的三个策略。所提出的三个词汇教学策略摆脱了传统的、低效的词汇教学固有的弊病，以求在词汇教学的理念和方法上有所创新，以期引起同行们的思考和借鉴。

三、核心素养视觉下的高中英语词汇教学策略

英语学科是学生学习的主要科目类型之一，在具体的学习过程中，学生需要通过词汇积累，来不断丰富和巩固自己的英语基础，英语词汇是英语语言学习和应用的重要基石，因而学生只有在掌握大量的英语词汇基础上，才能够促使英语语言学习的有效性提高，从而进一步保证英语语言应用的得心应手。高中阶段的英语课程教学，由于学生已经完成了一定程度的英语基础知识积累，高中生需要在英语词汇学习中不断改进和完善学习方法，提高单词记忆和掌握的有效率，奠定英语课程进一步学习和深入研究、应用的基础。

现主要从以下几点讨论核心素养视觉下的高中英语词汇教学要点及策略：

（一）观察字母组成，掌握拼写规律

高中英语词汇教学中，学生需要掌握大量的英语单词，因而在学习记忆的过程中，他们对于单词的基本组成元素和组成形式不够了解，就会影响最终的学习效果。英语单词的主要组成元素是英语字母，字母是构成英语词汇的最小单位，因而在字母的排列组合不同的情况下，形成的单词内容及单词含义也不同，高中学生在学习记忆的过程中，对于组成结构或组成元素较为相似的单词，需要学会辨别。例如单词"expect"的中文意思是"期望"，而单词"except"的中文含义则是"除了"，两者的字母组成和排列顺序差异较小，需要老师在教学中注意为学生作区分理解，与单词"expect""except"相类似的单词还有"expert"，意为"熟练地"，老师可以引导学生的观察式学习和比较性学习；另外，还有单词"aborad""abroad"和"broad"，分别表示"在……上""在国外"和"广泛的"意思。高中英语词汇教学中，老师为学生列举相似拼写的单词，能够促使学生的词汇学习更加具有针对性。

（二）"英汉"对照，译音教学

高中生在英语课程的学习过程中，需要掌握较多的语法方面的知识内容，由于英语课程的学习需要学生打好词汇基础，即在扩充英语词汇量的基础上，灵活应用英语技能，实现多元化的课程学习。英语词汇量大，但是较多的词汇都是源于人们的实际生活，部分词汇是人们在以往的劳动、生产中出现的，但是随着时代的发展，英语语言的应用范围不断扩大，英语新创的词汇量也在增加，一些新式的词语包含了一定的网络用语和幽默典故等，对于这些词汇的教学，老师可以应用英语音译的办法直接帮

助学生进行学习理解，简化学生的学习记忆形式，使学生能够在较为简单化和趣味化的词汇记忆中，强化英语单词的学习及应用能力。例如单词"Confucius"翻译过来就是"孔夫子"的意思，"孔夫子"一词是中国汉语言文化中特有的，在英语单词的翻译中，通过读音翻译，直接实现语义的转换，其他相类似的还有"kung fu"中国功夫、"tofu"豆腐、"typhoon"台风等，对于这部分词汇的教学，老师引导学生自主化学习、记忆即可。

（三）趣味化的联想式记忆、学习

高中英语词汇教学中，学生需要学习和掌握的英语词汇量较大，常规性的教学中，老师一般是让学生背诵单词的字母组成顺序，使学生完全处于机械化的学习状态中，英语学习兴趣难以提高。在高中英语词汇教学中培养学生的核心素养，老师需要在引导性教学中，帮助学生在学习思考中研究有效的学习方法，对于英语词汇的记忆和学习，学生要善于发挥出自己的英语语言想象能力，在词汇记忆中，实现联想式记忆，综合化地提升英语词汇学习水平。高中英语词汇教学中实现趣味化的联想式记忆、学习，是让学生对不相关的两种事物进行某种要素的连接，使其成为相关关系，从而为英语词汇记忆提供便利。例如单词"chill"可以划分为"chi"和"ll"两部分，前者可以用拼音联想为"吃了"，后者应用象形方法，表示为"两根冰棍"，合起来意为"吃了两根冰棍"，即"好冷啊"的意思。另外相类似的还有单词"bloom"中文翻译是"开花"的意思，老师引导学生对单词结构进行观察、分析和划分式理解为"母亲节，送了6100朵花"，其中单词的前半部分"bloo"与数字"6100"较为相似，单词最后一个字母部分"m"可以间接理解为"妈"的意思，两者在这种关联性记忆中，主要是应用单词结构分析和中文拼音的方法实现联想性记忆。高中英语词汇教学中老师帮助学生使用趣味化的联想式记忆、学习方法，能够进一步提高学生的英语兴趣。

学生勤于死记硬背，却始终无法准确地使用词汇。教师疲于听写批改，却收效甚微，这种单一的词汇教学模式已无法适应当前新课程改革的词汇量要求，词汇教学改革迫在眉睫。

（四）记忆策略

Krueger等人通过实验研究发现，学习程度在150%左右时，保持效果最好。也就是说，过度学习量为50%时保持效果最好。这里的过度学习是指所学材料达到刚刚成诵后的附加学习。德国心理学家艾宾浩斯的遗忘曲线也表明，对刚学过的内容人们遗忘的速度很快，随后其遗忘曲线变得平缓，遗忘速度大大减慢，所以学生必须在有效间隔内进行系统记忆，降低遗忘率。这就需要教师合理地安排复习时间和复习方法。针对高中生课业负担重、学科平均可学习时间紧张等现状，教师应指导学生利用早读、课前、饭后等零散时间，对当天所学单词进行4~5次反复分散的复习，并结合词汇测试、课后练习、阅读材料的辅助作用，进行循环记忆，把对生词的短时记忆转为长时记忆。

(五)猜词策略

在教学中如何引导学生掌握猜词策略,对于提高他们的外语专业素质和学习效果举足轻重。猜词策略与语境密切相关,吕叔湘先生在论述关于语境和词汇学习的关系时指出:"词语要嵌在上下文里头才有生命,才容易记住,才知道用法。"语境指的是上下文,即词、短语、语句或篇章及其前后关系。如教师在教 grumble 这个单词时,不要直截了当地将词义告诉学生,而是给出语境 "some people grumble about everything.For example,they grumble about the weather.If it is sunny,they say it is too hot.If it is cool,they say it is too cold.They are never happy with the weather.They always grumble about the weather."

(六)联想策略

人的记忆主要来自联想,借助联想可以提高记忆的质量。比如,可从时间、空间、意义接近的事物想起,联想与这个单词相关的知识。在学习"always"这个词时,我们很快联想到其他频度副词,如 often、usually、sometimes 及它的反义词 never,这样举一反三,把单词建立在一个大的网络中记忆,效果自然会提高。在学习 tiny 这个词时,我们就可以用 huge/big/medium-sized/small/tiny 的意义递减方式呈现,以帮助更好理解。词汇可以在一个共同概念的支配下结合在一起,形成一个语义场。利用词的上下义关系,教师可以将词汇归类在同一概念支配下的语义场内。例如由 fruit 可归纳出:mango,pineapple,watermelon 等。这样,学生就会注意到词与词之间存在的内在联系,通过总结所学词汇,使得词汇记忆更加有序而深刻。教师应充分调动学生学习单词的兴趣,让他们积极主动有创造性地展开趣味联想。如在教与 natural disasters 相关的一些词汇时,可利用头脑风暴词汇教学法。它能有效地复习学过的旧单词,从而引出新的单词。教师还可利用单词的音形来教学,如高一在教授 altitude 与 attitude 两个词时,学生容易搞混。这时,可利用其音形轻松地区分开来,即 altitude 中是(l 海拔高),而 attitude 中是(t 刚好是态度中态字拼音首字母)。

(七)文化策略

词语是文化信息的载体,各种文化特征都会在该语言的词汇里留下它们的印记。教师在教会学生掌握词汇的概念意义的基础上,要挖掘词汇内容的文化因素,展示其中的文化内涵,适当进行中西文化的对比,培养他们对英语文化和英语学习的兴趣,提高他们跨文化交际的意识和能力。因此在英语教学中导入与目的语语义和目的语语用相关的文化内容是很有必要的。又如,"politician"与"statesman",我们都译为"政治家",前者意为 person who is skilled at handling people or situations,or at getting people to do what he wants(政客,玩弄权术者),而后者是 person who plays an important part in the management of state affairs;wise political leaders(政治家,尤指贤明公正的)。

第四节　高中英语听说教学

一、高中生英语听说学习的现状

为了了解高中生英语听说学习现状和找到帮助学生提高成绩的有效方法，笔者设计了《高中生英语听说学习现状调查表》，并对本校高一和高二两个年级共212名学生进行问卷调查。调查结果显示：85.2%的学生认为自己用英语与外国人交流非常困难；88.1%的学生认为自己在课堂或课外极少与同学用英语交流；89.3%的同学认为自己的听说能力主要源于听读教材或练习的录音材料，缺乏互相交流的语言环境；90.6%的学生希望与同学合作学习，渴望与同学用英语自由交流。通过调查，我们不难发现目前高中生英语听说能力较差，他们不会听，不懂说，学习英语这门语言却没有达到运用这门语言工具进行交流的目的。

二、高中生英语听说能力较差的成因

基于高中生英语听说能力的现状，再结合实际调查的结果，笔者进行了分析，认为高中生英语听说能力普遍较差原因主要有如下几点：

（一）英语语言学习环境的缺乏

学习语言都离不开一定的语言环境。语言环境即语境，是人们用语言来表达思想感情的背景。语言环境是学习语言的重要环节。为什么大家学习地方方言没有觉得有压力，而且不用老师指导也能够做到"无师自通"呢？究其原因，主要是有一个学习的语境即都用同一种方言交流，以及自觉运用了"合作方式"来学习，即用同一种语言进行交流互动。英语学习也不例外，没有英语学习的环境是我们学习英语的最大障碍。中国学生学习英语不具备在英语语言国家那里得天独厚的语言环境，而是在汉语环境下学习英语。高中生英语的听说能力学习也主要通过课堂教学来进行，课堂和书本是主要的语言输入来源，就算是在英语课堂上也常会出现"中英混谈"或"英问中答"的现象。因此许多高中学生都有相同的感受：学了将近十年的英语，却无法用英语进行基本的对话交流。这种"聋哑式英语""高分低能"、甚至"低分低能"等现象仍然相当普遍，导致这种现象的原因就是缺乏良好的英语语言学习环境。

（二）唯分数论评价方法的误导

不少高中生认为学习英语最直接的目的是应付高考，因此大多数学习者习惯于"备考"、忙碌于应付各类考试的书面练习，对英语听说能力学习缺乏源自内心的"热情"。学生在英语听说方面的学习也仅仅局限于英语教材的狭隘范围，仅仅依赖于课堂上被动地接受老师的灌输。这种不良的学习习惯实际上背离了英语学习的目的，违反了语言学习的规律。多数老师也只用传统的评价方法来衡量学生学习英语的水平和能力，即只注重学生的分数，认为能考高分就是"优等生"，而忽视了对学生学习方法、学习习惯及运用能力等方面的评价，最终学生就无法摆脱听不懂、说不出的"聋哑式英语"困境。这是唯分数论这一传统评价方法导致的结果。

（三）传统英语教学方法的影响

传统的英语教学方法就是面向单词、语法和应试的英语教学方法。换句话说，在这种方法下，教师没有把英语当作语言来教，而是把英语当作知识来教学。特别是上了高中，教师更注重在教授学生掌握基本的语法规则后，仍然过分强调对课文的逐字逐句分析。这种以讲授语法条文为主的英语教学模式，既挤压了学生学习、记忆和练习语言内容的时间，也忽略了为学生创造一些英语交流的机会和环境。学生对于这种教学方式感觉枯燥无味，学生学习英语的热情受到严重打击，学生学习英语的信心也就逐渐丧失。学生无法积极参与教学活动，也就无法提高运用外语交际的英语听说能力。因此，传统的英语教学模式无法摆脱目前中国英语教学"高投入、低产出"的困境。

（四）高中英语听说教学中运用合作学习方式的重要意义

作为高中英语教师，要面对现实，针对学生学习英语缺乏相应的语言环境、被动死板地学习语言知识等现状，努力改革僵化、呆板的课堂教学模式和方法，更新教学观念，帮助学生构建全面而优质的学习环境，并加强老师和学生之间、学生和学生之间的交流互动。在英语教学中运用合作学习的方式，正是为学生创设良好的语言学习环境，提高学生英语听说能力的重要途径。英语听说教学中运用合作学习的方式，能制造宽松的课堂教学气氛，给全体学生提供较多的语言实践机会，促进学生大胆开口交流，从而提高他们的英语听说能力；在合作学习理论的指导下，师生之间和生生之间的合作不但能促进学生思维水平的提高、引发学生间更深层次的沟通，而且能培养学生的集体观念和团队合作精神，对提高学生的英语成绩及掌握实际生活所需的多种技能也具有十分重要的意义。

（五）合作学习方式在高中生英语听说教学中的运用

王坦认为：合作学习是一种旨在促进学生在异质小组中互相合作，达成共同的学习目标，并以小组的总体成绩为奖励依据的教学策略体系。这里，笔者想浅谈一下在英语听说教学中运用合作教学方式的一些具体做法。

1. 合理分配小组，优化合作学习效果

科学合理地分好小组，是进行合作学习的前提。组员的分配要以让师生、生生、组组之间开展有效的交流、互帮、互学为目标，通过分析学生个体信息（性别、性格、智力、行为能力等方面）后对学生进行分类，按照学生的知识程度和能力水平搭配，由好、中、差三类学生组成一个小组，使优等生可以带动后进生，在学习上共同进步。教师可把学生按座位分成前后4～6人为一组，每个小组总体水平一致，力求体现"组间同质，组内异质"的精神。小组成员具有互补性，这样可实现组员之间优势互补，各组间能力、水平相对平衡，这既便于组间成员的交流、讨论、切磋、帮助，也有利于组际间的团队竞争与合作，进而实现全体同学的共同进步与全面提高。为了提高每个小组的凝聚力，每个小组应取有特色的英文组名。为鼓励每个组员参与活动，师生可共同制定小组活动规则并明确组员的个人责任。每个小组的每个成员都分别担任一个角色：小组长、资料员、记录员、活动者。小组长由组织能力强、学习态度好、乐于助人、有一定合作创新意识的学生担任，让他们带头遵守纪律、积极发言，组织协调组内成员有序地进行合作交流，鼓励组员大胆发言；资料员及时记录好组员在活动中的进步及表现，各组员及时补充自我反思。

2. 开展语音互助学习，夯实英语听说学习基础

语音是语言存在的外壳和基础。语音语调的准确与否直接影响语言交际效果。通过语言交流思想，其实就是以语音来表达思想的内涵、宣泄情感、传递信息。语音作为英语学习的起点，不仅是学习者学好英语的前提，而且对提高英语听说技能有极大的帮助。在英语语音基础开设过程中，教师可以利用课前十分钟开展读准音标的基础技术活动（如舌位激活、延长动力音、弱化尾音等）。课后布置合作学习小组开展读准音标相互纠正活动。老师要及时检查各小组存在的问题，有针对性地解决发音难发音不准的问题。此外，教师通过合作学习小组记录本，及时发现后进生，在组内以优带差，对其进行耐心的课后辅导，确保每位组员英语语音过关，为英语听说学习打下坚实的基础。

3. 组织课内大讨论，创设英语交流的语言环境

课堂上，我们要尽可能多地为学生创造大胆开口讲英语的机会。例如：我们可以让小组每天进行 Daily speech，即上课开始时，用三分钟时间做简短演讲。演讲的内容可以是一个生动的小故事、一个滑稽的幽默、一个最近的新闻事件、一个班级事件报道等。事先，每个合作学习小组集体充分准备演讲内容，可以在书籍上寻找、网络上搜索，也可以小组集体创作。然后按分组顺序，每天一个小组派出一个代表到讲台上演讲，其他小组和教师共同评分。这样的活动形式有助于锻炼学生的英语听说能力和养成良好的英语听说习惯。同时，高中英语教材的 listening 部分也可以通过小组合作的学习形式完成。首先是学生泛听，抓住关键词。泛听后，小组进行讨论，缩小组员间的信息差，弥补差生的不足信息，为下一步的精听做好准备。在这一过程中，应发挥小组长的引导作用，同时教师应留充足的时间给学生，让他们都有发言的机会，

交流信息，充分体现引导学习、共同进步和提高的宗旨。然后精听，讨论及完成练习，教师让学生先在组内讨论答案，彼此检查，然后全班检查答案，可让每组派一个代表进行发言。最后复述和角色扮演：打破组别界限，学生合作，师生合作，复述听力材料内容，并进行角色扮演，培养学生的合作意识与集体主义精神。就这样，通过教师引导、小组长引导、师生合作、生生合作等多个环节，在民主、合作的气氛中，学生不知不觉地提高了英语听说能力。

4. 组织丰富多彩的课外活动，激发学生运用英语交流的兴趣

丰富多彩的课外活动有利于学生提高学习兴趣，增长知识，开阔视野，发展智力和个性，培养能力。我们可以结合学生实际，以小组形式组织开展一些有益的、能培养学生英语听说习惯的、丰富多彩的英语课外活动，如英语朗诵比赛、英语故事竞赛、英文歌曲比赛、开设英语角、收听、收看英语节目等。这些活动都深受学生喜欢，也大大激发了学生运用英语交流的兴趣。如笔者在教学实践中结合高二英语 Book 6 Unit 2 poems 的教材内容，在班上以小组为单位，举办了一场英文诗歌朗诵比赛。各小组都选取了一首课本的英文诗歌，并配上了背景音乐，还增加了自己的创意表演，这次英文诗歌朗诵不仅好听，更好看。尤其是获得第一名的"Manchester"小组，他们朗诵的是 I've Saved The Summer 这首诗歌。这个小组对英文诗歌朗诵的语气语调控制掌握纯熟，时而轻柔，时而铿锵有力，抑扬顿挫恰到好处。他们以别出心裁的道具和表演方式，将父母对孩子真挚的情感淋漓尽致地以诗歌的形式表达出来。"Manchester"的组长孙涛同学说："我们组员特别积极，一周来几乎每天都会练习。这些道具的点子，也是大家一起想出来的。"由此可见，组织丰富多彩的课外活动，能激发学生的参与意识和自主能力，吸引学生的注意力，使他们在轻松愉快的环境中学到知识并极大地调动了他们听说英语的欲望，使他们在乐中学、做中学、动中学，大大激发了他们学习英语的兴趣，学生英语听说能力在这些实践活动中得到了提高。

5. 制定发展性评价方法，激励学生参加小组学习的热情

对合作学习进行合理的评价可以激励学生参加小组学习的热情，使学生更加注重合作过程的行为表现，还可以使教师获得准确的反馈信息，反思自己对活动的组织及对活动目标的设计，以便做出及时的调整，使合作学习更加有效。课堂上的过程性评价可以鼓舞学生积极参与活动，课后的形成性评价和结果性评价可以让学生反思升华。为此，我们制定了以形成性评价为主，结果性评价为辅的合理评价体系，具体表现在建立个人成长档案，主要包含英语学习态度、合作意识和英语学习习惯等内容。针对学生课堂及课后表现，我们制定英语学习评价表，其中包含学生自评、小组互评和教师评价。我们注重分层评价，对不同层次学生的作业、考卷、课堂表现，采用不同的评价方法，对学生多给予真诚的表扬评价，寻找其闪光点，及时肯定他们的点滴进步并颁发进步奖状，树立了学生英语学习的自信心。我们还每月定期检查小组合作学习

本，根据小组平时表现及反思记录评选出当月最优秀小组，并颁发"英语优秀小组长"及"英语优秀合作小组"的奖状。另外，我们利用课余时间找各个小组成员出来聊天，既指出其中的不足，也大力表扬他们的进步和积极性，激励他们参加小组学习的热情。

小组合作学习在高中英语听说教学中的运用，不仅有利于学生英语听说能力的提高，而且对于学生英语水平的整体提高及学生个性的发展都有重要意义。这个过程是艰巨的、复杂的、长期的，我们需要精心设计，持之以恒。我们只要有爱心、耐心、恒心，认真分析成因，积极探索合作方法，一定会使学生乐学、善学，在学习中健康成长。

三、组织课外活动小组

我们语音室每天下午活动时间对全校开放（从5点到6点半），语音室里有各种听力材料，学生可根据自己的需要选择适当的内容。我们还组织了固定的课外活动小组，进行有计划的听说辅导。今年外教老师又在专门地点组织了英语角。在英语角里，学生可自由地谈论任何话题来练习说英语。英语角每周对全校师生开放，最近英语角越来越受欢迎，越来越多的学生主动地来英语角锻炼英语的听说能力。

四、高中英语听说教学活动的有效设计

英语听说教学一直以来是高中英语教学中不可或缺的一部分，尤其是2017年上海市高考英语将听说测试计入总分，听说教学更是受到了师生、家长甚至是全社会的关注。

基于标准的高中英语听说教学活动设计是将听力和口语通过"话题"结合在一起，目的是创设一定的情境，引起学生听说的兴趣和欲望，通过"听"的输入，为学生的"说"搭好输出的脚手架，并最终把"话题"与学生的生活实际相结合，培养一定的情感、态度和价值观，从而实践英语学习活动观，促进核心素养的有效形成。

高中英语听说课堂教学的有效性在很大程度上取决于教学活动的设计。听说教学是相辅相成、相互促进的，在听说课堂教学活动实践的过程中，要把握好"听（语言输入）"与"说（语言输出）"的比率，"说"不仅是对"听"质量的检验，更是为学生搭建运用的平台。教师在围绕主题给学生听力输入的同时，也要留下足够的时间和机会给学生进行口语输出与实践，因此教师在设计听说教学活动时应注意以下六个原则，切实将"基于标准"落到实处，避免听说教学的随意性与碎片性。

（一）基于学生实际的原则

听说教学活动的设计要基于学生实际，即要符合学生所处的环境、心理年龄、兴趣爱好和学习目标。学生所处的环境指的是本地区、本校，甚至本班的实际情况。教

师在活动设计中要将本地区具有特色的活动纳入教学活动，这样有利于激发学生的认知图式，能调动学生的兴趣和参与的积极性，做到学以致用。此外，教师设计活动时还应充分考虑学生的心理年龄和兴趣爱好。高中学生日趋成熟，不再满足于被教师一味地引领，所以教师在设计活动时要更能体现学生自主学习、合作学习和探究学习的能力，甚至也可以请学生参与活动设计，提供他们感兴趣的话题和活动形式。最后，英语听说教学活动的设计必须基于学生现阶段的学习目标。在高中三年，不同年级的学生具有不同的教学重心，高一年级将帮助学生做好英语学习的初高中过渡，培养学生语言学习的兴趣，并形成良好的英语阅读习惯；高二年级将强调基础知识的过关，在落实巩固基础知识的前提下，进一步加强学生运用英语获取信息、处理信息、分析问题和解决问题的意识和能力；高三年级将采用金字塔形的复习策略，以期在坚实稳固基础的前提下，通过专题复习板块，对学生进行听、说、读、写的专项训练，以获得语言能力的提升和熟练运用。综上所述，高中英语中实施听说教学势必应结合年级特征和学习目标。

例如，以"Viewpoints on Spending Habits"为主题的听说教学活动设计如下。学习目标：①在听力过程中，鉴别出不同观点与理由，并能快速写下关键信息；②有逻辑的表达观点，并具有一定的说服力；③了解理财在日常生活中的价值，并能形成正确的消费观与理财习惯。

学生分析：学生为高一学生，喜欢电子产品，并开始形成自己的消费观。

活动设计：①学生听Sophie自述与父母消费观的差异问题，目的是创设真实的语言情境，并能训练学生概括听力语料主要信息的能力。②学生分别从Sophie与其父母的角度出发推测不同观点的理由，并猜测Sophie想要新Iphone 7 plus与父母反对购买的可能原因，目的是通过换位思考，训练学生分析不同观点并做出合理推测。③学生听Sophie与父母解释双方分歧的真正原因，目的在于训练学生在听的过程中获取细节信息的能力，识别双方观点形成的真正原因。④针对Sophie与父母的分歧，教师鼓励学生表达自己的观点，并给出合理理由。学生通过运用学过的句式短语，提高表达观点并给出合理解释的能力。⑤针对"How to be a smart spender"这一话题，学生小组合作，准备口头报告，目的在于巩固整合学生课堂所学，鼓励学生合理、有逻辑地表达观点，唤起学生日常生活中的理财意识并形成正确的消费习惯。

（二）基于主题情境的原则

听说教学活动的设计要基于主题情境。随着上海"二期课改"的推进，在以句、文、境合并呈现的整体教学中，应更加关注学生语用能力的培养，而语境的构建则很关键。著名教育学家杜威曾说过："为激发学生的思维，必须有一个实际的情境作为思维的开始阶段。"

在听说教学的活动过程中，以话题为载体，通过获取、交流话题信息，积累、巩固话题词汇，丰富话题知识；通过体验、熟悉话题的各种呈现形式，培养、提高对各类话题的理解和表达能力；通过演讲、描述、展示、对话、表演、陈述、辩论等，互动交流，迁移创新，深化对话题的认识，探究话题的内涵和外延，建立话题间的联系。

例如，以"Online Music: Free or Not?"为主题的听说教学活动设计如下。

（1）任务前，教师通过 ppt 图片上的音乐符号引出音乐这一主题，然后就"Do you like music? Why?""Where do you get your music?"这两个问题引出音乐网站及应用，接下来以"Can you recognize all of them?""Which one do you often use?"这两个问题呈现教师自己常用的 APP 及在应用 QQ 音乐听歌曲和下载歌曲时碰到的收费情况，继而提出问题"If you are faced with such a situation, will you pay for the songs?"过渡到对于主题的思考，"Have you ever paid for online music?""Do you think we should pay for online music? Why or why not?"以此来引出主题"Online Music: Free or Not?"并且自然过渡到任务阶段。

（2）任务中，以"Let's find out what our friends think about free online music"引出任务，即让学生分别听四段录音，完成以下表格：Are they for or against free online music? 目的是在话题知识激活的前提下，通过听来获取相关话题的信息。

（3）任务后，以论坛的方式，请学生以小组活动的方式，分别以"singer, music fan, owner of record companies, CD shopkeeper, lawyer, and chairman of the music Association"的身份就网络音乐是否要收费发表自己的观点，这不仅巩固了课堂所学的知识，也让学生更客观地来看待这一社会现象，并尝试从不同的角度来思考同一问题，培养了学生的反思和批判性思维能力。

（三）基于文化品格的原则

听说教学活动的设计要基于文化品格的培养。文化品格体现的是英语学科核心素养的价值取向，以及外语教学的人文性。

例如，以"the World is Changing"为主题的听说教学活动设计如下。

教师通过 2017 年 5 月 14 日至 15 日在北京召开的第一届"一带一路"国际合作高峰论坛导入话题：the World is Changing。结合"问题化学习"和"情境化学习"的方式，选取了相关的音频和视频，通过语言输入（听），了解"the history of the Silk Road"，再通过小组资源分享，了解"the tomorrow of the Belt and Road"，然后要求学生放眼全球，用英语讲述世界上文化、地理、经济、风俗习惯、科技等其他领域的变化，以及这些变化对个人、国家及世界的影响。这样的活动设计，既训练听说，又扩大词汇量，从而学到语言知识；通过小组活动，培养了合作学习；通过课前的资料查阅，培养了学生探究性学习能力；通过了解国家和世界日新月异的变化，发展了学生的文化品格。这样的活动设计深受学生的喜爱，也实现了培养学生学科素养的目的。

（四）基于真实交际的原则

听说教学活动的设计要基于真实交际的原则。真实的听说教学活动指的是在语言输入（听）的过程中，要注重语言材料的真实性，最好是选择来自有声媒体的地道语言材料，这样才能使学生了解真实话语的特点；而在语言输出（说）的过程中，教师要积极引导并创设真实的语言环境，激发学生真实的情感思想，最终达到自然真实交际的目的。

例如，以"How to Make a Positive Communication?"为主题的听说教学活动设计如下。

在语言输入阶段中，学生听取的第一段语料是三位同龄人的独白，要求学生能够听出他们与其他人沟通中出现的问题，并按照"Who had a conflict with whom on what?"的结构来复述。活动设计的目的是创设真实的语言情境，并训练学生概括听力语料主要信息的能力。学生听取的第二段语料是教师本人的一则工作日记，教师的讲述，真实还原了当天上课前教师Ivy和学生Betty发生的一起冲突事件，活动设计的目的是推动话题的发展，并训练学生听细节的能力。学生听取的第三段语料是心理学博士Jane关于如何解决conflicts的建议，引出核心话题"Positive Communication"，活动设计的目的是为前面的疑问提供答案，并训练学生听大意的能力。

（五）基于综合能力的原则

听说教学活动的设计要基于培养学生综合能力的原则。听说教学的最终目的是发展学生的语言知识，培养其语言技能，从而提高其实际语言运用能力。因此在设计听说活动的时候，教师应当将语言形式、意义和功能这三个方面合为一体，使学生在完成任务的过程中既掌握了语言知识，又提高了语言运用能力。基于标准的高中英语听说课的基本授课模式在一定程度上实现了培养学生语言综合能力的目标，即导入话题情境（话题）—双向听力活动（听）—情境实践活动（说）。

1. 导入话题情境（话题）

（1）构建语境；

（2）帮助学生产生强烈的学习动机和兴趣；

（3）合理导入听力材料中出现的关键词或短语。

2. 双向听力活动（听）

（1）泛听，要求学生回答概要性问题，泛听听力材料中的语境或讲话者的态度信息；

（2）精听，设计听力活动和相关练习，要求学生精听，检查学生对问题的回答情况。

3. 情境实践活动（说）

（1）介绍或讲解听力材料中的语言功能是如何体现的，比如如何拒绝、道歉、征求意见和给出建议等；

（2）设计新的情境，把听说材料与学生的生活实际相结合，培养他们对于知识的迁移能力及思维的创新能力。

通过以上的基本授课模式，主题、语篇、语言知识、文化知识、语言技能和学习策略这六个要素相互关联、整合互动，共同促进了学生综合能力的培养和学科核心素养的形成与发展。

（六）基于迁移创新的原则

听说教学活动的设计要基于知识的迁移和创新的原则，目的是帮助学生将所学的知识和能力迁移到课外的真实生活情境中，用于解决真实生活情境中的问题。在活动的设计中，教师要注重引导学生在解决问题的过程中，理性表达个人观点，体现多元思维和正确的价值判断。

例如，以"How to be a good friend?"为主题的听说教学活动设计如下。

在双向听力活动之后，教师引导学生写下自己生活中的"personal crisis"，并以小组的方式进行交换。学生在阅读了他人的生活危机后，根据之前学到的四步法及句型，对其进行鼓励。在此环节中，学生被置于真实的情境之中，倾听他人的困难，并且为他人的困难提供鼓励、建议与帮助。从这一活动的设计中，学生自己得出结论，要在日常生活中时常体恤他人的难处，鼓励他人渡过难关。

总之，基于标准的高中英语听说教学活动设计在促进教师的专业发展和提升学生的听说能力方面效果显著。笔者在教学实践的过程中仍有以下几点建议。

（1）听力语料选择时不应只关注语言本身，而忽略了 purpose、speaker、intended audience、length 等因素，导致话题没有认同感，听力任务无法落实，语言实践无法产出。

（2）在情境实践活动中，除了关注学生课堂语言的逻辑性和条理性外，还应培养语言运用时的情感性，体现语言交际的真实性。

（3）在双向听力活动和情境实践时，要形成有效的评价标准体系。它一方面有助于学生认识自我，建立自信，调整学习策略；另一方面，促进教师反思和调整自己的教学行为，有利于课堂听说教学活动的更好开展和管理。

五、多媒体技术在高中英语听说教学中的运用

在高中英语教学中，听说教学是其中的重要组成部分，直接影响到学生的实际英语使用水平，但是由于传统应试教育观念在我国根深蒂固，受此影响我国大部分高中英语教师都没有意识到听说教学对学生英语学习的重要性，高中英语教学片面集中在阅读教学、词汇教学及语法教学上，口语教学受到了极大的忽视，影响了学生的整体英语学习效果，不利于培养学生的英语能力，因此必须要加快改变这个局面，在思想上加强对高中英语听说教学的重视，并运用现代技术发展的良好条件，将多媒体技术

合理运用到高中英语听说教学中，借助现代化的先进技术实现高中英语听说教学水平的提高。本部分就是对多媒体技术在高中英语听说教学运用的分析。

（一）多媒体技术的含义

随着科学技术的不断发展，现代社会中涌现出了许多的新兴技术，其中多媒体技术就是一项给人们生活与社会生产带来了巨大变化的重要技术。所谓多媒体技术，是指将网络技术与计算机技术作为基础，将声音、图像、数据与文字等教学内容以快捷直观的方式传授给学生的现代化手段，多媒体技术中不仅包括各种声音、图形、图像、动画、文本等媒体手段，同时也包括综合了这些媒体手段的超媒体技术。多媒体技术下的教学一般都具有交互性、集成性、简约性、生动性、非线性等突出特点。

（二）多媒体技术在教学中的作用

1. 形成了良好的教学氛围。多媒体技术作为一项先进的现代化高科技技术，能够打破时空的限制，为有效教学提供了良好的条件，而且在营造良好教学氛围与构建和谐师生关系上也具有非常突出的优势。

2. 为学生的学习提供了便利。在高中英语听说教学中，运用多媒体技术不仅降低了学生理解知识的难度，而且也为学生的学习提供了更多的渠道，转变了学生传统的学习方式，使得学生的学习积极性与兴趣得到了极大的激发，显著提高了高中英语听说教学的效果。

3. 形成了和谐的师生关系。将多媒体技术应用在教学中之后，学生与教师之间可以进行良好的互动，有利于形成一种和谐轻松的师生关系，从而为教师的高效教学与学生的高效学习创造了更好的氛围。

（三）在高中英语听说教学中多媒体技术的运用

1. 通过多媒体技术营造合适的交际环境，不断培养学生的英语口语能力。我国学生学习英语的时候一般都处在汉语环境中，因此对于我国高中学生而言，学习英语是一件比较困难的事情，难以实现学习效率的提高，这是因为大部分学生只能够通过英语教材或者其他书面英语资料来接触英语，很少有机会直接与英语为母语的人接触或者与其交流，因此就难以身临其境地感受到英语国家口语使用的技巧与文化，只能僵硬地将自己已经掌握到的汉语表达方式套用在英语表达上，最后也就导致我国很多高中学生在使用英语口语时存在不得体、不合适等问题。要想解决这种问题，我们就必须要在教学中大力使用多媒体技术，这是因为多媒体技术能够为学生创造一个有形有色的英语语言环境，可以让学生有热情、有兴趣地说英语。在高中英语听说教学中，教师通过多媒体技术为学生展示现实生活中的英语口语使用情况，比如打电话、购物、问路等，学生可以通过自己的观看与聆听来感受人们的体态语言或面部表情，有助于加深学生对英语语言的理解。同时，纯真地道的英语读音及生动形象的对话画面还有助于学生了解英语国家的社会文化，可以减少学生的口语表达失误或不得体等问题，在英语口语对话的交际环境中，学生可以凭借自己的理解来领会到交际双方的意图，再加上教师的适时引导，学生能够掌握更多的英语口语使用技巧。

2.将教师的引导作用充分发挥出来，引导学生进行高效学习。在高中英语听说教学中，多媒体技术可以构建一种新型英语教学氛围，转变了过去僵硬单一的教学模式，教学资源体系中融入了许多电子教材，并且还可以根据听说教学的不同环节来创设不同的口语情境，使教学过程中教学资源的共享、学生学习的自主探究等得以实现。在高中英语听说教学中，教师的引导是十分重要的，如果教学活动失去了教师的有效引导，学生的课堂学习将会变得杂乱无章，不仅会造成教学资源的浪费，而且也浪费了宝贵的教学资源。在高中英语听说课堂教学中，教师的引导关键就在于结合教材的重难点知识为学生布置合适的学习任务，并对课堂活动加以精心设计，然后再带领学生进行有效学习。在应用了多媒体技术之后，教师必须要继续发挥在教学中的引导作用，要以学生为中心，根据教学目标来设计教学活动，充分利用多媒体技术的优势来激发学生对知识的求知欲，为学生学习效率的提高奠定基础。

教育事业的发展在我国得到了社会各界人士的高度重视，国家政府也加大了对教育事业发展的资金投入，目前我国很多高中学校都建立起了多媒体教室，而多媒体教室作为应用多媒体技术进行教学的最佳课堂，可以促进教学的更高效进行。因此在高中英语听说教学中，对于一些比较复杂的知识教师可以选择在多媒体教室进行教学，由教师对教学内容进行设计与组织，此时教学内容可以从教师机传送到学生的计算机上。学生可以采取人机互教的方式进行练习或自学，这有助于培养学生的自学意识。同时，处在多媒体课堂中，教师可以更加及时地把握学生的学习情况，学生的学习信息可以得到及时的反馈与评价，这种灵活多样的教学模式可以让学生在教师的引导下进行更加主动的学习。

3.发挥学生在教学中的主体作用，促进学生的个性化学习。在教学中，不论是教师还是学生都必须要付出努力才能够实现教学质量与学习水平的提高。在高中英语听说教学中，当教师的教学方法或教学模式发生变化的时候，必将会引起学生学习的一些变化。在运用多媒体技术进行教学的高中英语听说课堂中，教师不再是过去的控制教学的身份，有助于改变过去学生被动的学习状态，转变为学生主动渴求知识与学习知识。高中学生的身心年龄都已经有了一定的增长，其认知水平与社会经验相对来说还比较缺乏，但是却有着非常强的好奇心与好胜心，在过去传统模式的教学中，学生的学习激情受到了很大的压抑。而在多媒体教学中，运用多媒体技术创造一种开放性与无限性的学习空间，可以大大增强学生的学习欲望，并且借助多媒体技术，学生可以根据自己的实际情况来选择自己感兴趣的口语内容，从而进行更加个性化的学习，比如在进行商店购物内容的听说教学时，教师可以借助多媒体技术为学生展示在商店购物时可能会遇到的各种情况，比如商讨价格、商品质量问题、商品服务等，让学生选择一个其所感兴趣的内容与同学之间进行口语练习，并且还可以运用多媒体技术在课堂上创设一个与商店购物时相似的情境，让学生能够有种身临其境的感觉，鼓励学生充分表达自我，让学生实现更加个性化的学习。

4. 构建和谐良好的师生关系，为教学提供更加有利的环境。在高中英语听说课堂教学中，运用多媒体技术进行教学可以构建一种和谐良好的师生关系，这主要是因为学生对于新兴的多媒体技术有着很强的好奇心，教师要让自己做学生的朋友，如此一来学生便愿意与教师进行交流互动，两者可以就多媒体教学中的某一个内容进行积极的讨论与交换意见，这不仅能够让教师找到自己在教学中存在的不足，促进自身教学技能的提高，更重要的是在这种良好师生环境中，学生可以进行更加自主独立的学习。

综上所述可知，多媒体技术的发展为现代教育的发展提供了更好的技术支持，在高中英语听说教学中应用多媒体技术不仅是适应时代发展的必然要求，同时也是实现高中英语听说教学进步的必要举措，在应用了多媒体技术进行教学之后，学生的思维空间得到了有效的扩展，显著增强了学生学习英语口语的积极性，教学效率大大提升，进一步提高了学生的英语口语水平，对于学生的全面发展有着十分积极的作用。因此在今后的教学中，高中英语教师要不断提高自身综合素质，确保能够对多媒体技术进行合理应用，实现高中英语听说教学水平的进一步提高，为提高我国的综合英语水平做出贡献。

第五节　高中英语语法教学

作为曾经红极一时的广泛语言——英语，其以自身语法体系的严谨而著名。因为中西之间在语言上的差异性，不同层面的表达方式也不相同，所以英语被很多学习者当作"拦路虎"，因而学生对英语语法的学习也都受到了不同程度的影响，从另一个角度看，这是对英语学习者学习信心的打击，所以，本部分探讨了一些高中英语语法教学上的改进策略，对语法教学活动的研究完善，对英语学习具有积极借鉴意义。

一、英语语法教学的内涵

如果从本质上看英语语法教学就会发现，其实初中与高中英语语法之间存在一定的共性特征，高中英语语法其实是一种知识的拓展和延伸。高中英语语法的内容体系及知识点、难度等，相比初中都有着很大层次的提高。此外，高中英语学习者一般对英语语法水平的理解及英语逻辑思维能力方面，也都比初中时期进步很多。所以从某些程度来说，高中英语语法教学其实就是以高中英语教学大纲为基础，进行了相关理论指导，然后与学生们一起完成语法目标。因此，高中英语语法教学也在这个过程中慢慢形成了很多特点，首先，比如基础性语法教学，很多高中英语语法在教学上的主要内容基本都是先从时态开始，然后再到语态的学习，最后才是英语完整句子，基本都是在英语语法的基础上进行的，这些内容在难度上比较适用于高中英语学习。其次，从语法教学测试性来说，高中英语语法主要就是为了高考服务，高中英语老师都是按照高考大纲的要求来执教，从这个方面我们就可以看出高中英语语法教学的测试性。最后是高中英语的发展性。大家都知道高中时期的英语一般都具有承上启下的作用，这也是高中英语的主要特点之一。因此，高中英语进行语法教学时，应该十分注意进行学生语法应用的提升，以此来帮助学生可以在原有的英语语法基础上，获取更多的提升与发展空间，这也符合高中英语服务于教学及学生未来发展的基本要求。总之，高中英语语法教学既是高中阶段英语教学的重点内容，也是一个巨大挑战，至此，怎样提升语法学习效能，让语法学习对学生产生深刻的帮助作用，是每个高中英语教学研究领域教师共同面对的难题。

二、英语语法教学现状

上文对高中英语语法教学进行了特点及内涵上的研究，然而实际情况并非如此，很多外界层面影响因素的原因，高中语法教学在教学环境、教学方法及语法教学的评估等内容上，都可以得到很大的提升，具有发展空间。比如，教学方法的完善、教学环境的优化、对教学评估体系的提升等都还有待完善。所以面对我国高中英语语法教学上的诸多缺陷，我们必须在今后的教学实践活动中，进行积极的改善与修整，从而完成改善高中英语语法教学评估体系，达到高中英语语法教学效果提升的根本目的。

三、导致语法教学问题的原因及提升策略

我们从对高中英语语法教学中的问题进行探讨的时候，就应该仔细观察这些问题，从而探究其原因。对于影响英语语法教学的因素在这里笔者主要归纳为两点内容，其一，从客观来看，高中英语确实也具备相应难度，再加上高中学习生活的紧张节奏，除英语以外学生还需要面对许多来自其他课业的巨大压力，首先时间与精力的分配就是很大难题，另外，高中英语教学一直存在重视语言，忽视语法的问题，部分老师认为没有必要在语法上大费周折，这也间接造成高中英语语法教学存在客观忽视的问题，从而导致教学方法欠缺。除此之外，高中英语教学还面临的主要问题为，高考英语已经把传统语法题取消，主要注重的是写作与阅读能力的提升，很多学生都觉得语法考试都取消了，学习语法何用？英语语法教学效果的缺失和学生对语法的认知度脱不了

干系，他们一般认为没有必要认真学习英语语法。

从主观因素分析，不管是英语语法还是其他层面，都一定要学生具有积极主动性，其应该发挥好这种优势，做好学习时间与目标的管理工作，对学习经验不断进行总结，注重向他人学习才行。然而一旦学习的难度太大，学生们就会产生畏惧心理，当然这也会不同程度造成英语语法教学整体效果的打折。不管哪种原因造成的消极影响，这些原因都非常具有价值，为我们指明了今后高中英语语法教学的发展方向。因此笔者大胆设想，如果想要提升英语语法教学的实施效果，让其事半功倍，就必须针对上述问题设计弥补策略：其一，引进先进的教学方法，让基础教学改革可以深入发展，并且，让新的教学模式及理念可以得到更多的应用和实践。其二，一定要营造学习英语的良好氛围，积极改善英语教学环境，而积极进行语法教学环境的创造，一定需要老师耐心从学生的心理需求出发进行分析，从而通过积极的语言鼓励及热忱的学习环境，引导学生拥有克服学习过程中困难与挑战的勇气。最后，一定要完善英语语法评估体系，这样才能够真正看清英语语法教学在实施上的利与弊，从而更正教学行为达到正确性引导的目的。

对于英语这门学科来说，语法教学十分重要，也是其教学体系的重要组成部分，更是学习英语的关键基础，学生只有学好英语语法，将其牢固掌握，才能在日后对英语进行更加有效率的学习，提升成绩。所以对于高中英语语法教学来说，今后教学应将语法教学和培养综合素养当作首要目标，这样才能获取更好的发展。本部分是在高中英语语法教学的特点及内涵的立足点上进行了教学方法分析，从而也探究了一些教学评估体系及教学环境中的不足，最后，在对高中语法教学相关理论研究成果借鉴的基础上，分析探讨了改进策略，希望文章的研究以推动英语语法教学及相关理论研究的完善与深入。

四、微课教学在高中英语语法教学中的应用

（一）课堂运用

微课在高中英语课堂中的运用可以分为两部分，一部分是课前预习阶段，另一部分是课程进行阶段。两阶段适用范围不同，所以根据阶段性要求微课的运用情况也有所不同。

在课前预习阶段主要是引发学生对本章节内容的兴趣，信息技术和互联网的发展可以将课程带入任何地方，学生在家预习将要学习的语法结构时，教师可以通过已经建设完成的交流平台分享一些英语趣味教学资料，让学生自主学习。这一部分的资料主要以趣味性知识为主，可以利用一些文化常识和影视片段进行教学，让学生观看完自己找出片段中运用的语法结构等。

在课堂教学阶段就要依托教师的课堂计划进行教学,此时的学生大都已经对将要进行的课程有所期待,这正是带入教学的最好时机,教师再利用微课教学的优势对学生进行系统化的教学,这就是提升教学质量的最佳机会。教师通过播放英语相关方面的视频,让学生进行模仿练习,这是提升语法感知能力和语法运用的最佳实践方式。

(二)课后运用

学生在课堂中所学习的内容可能不够全面和完善,在教师进行练习布置后,学生可以通过微课网上教程等方式进行补充学习。加强课堂学习效率,课后巩固频率是当前学生学习的最好方式,为适应高中阶段高强度高标准的学习生活,学生要把握好课前、课中、课后三点学习。温故而知新,对课程教学成果进行有效复习,巩固知识,尤其对于高中英语学科来讲,更多的复习等于加强记忆,对于学生提升成绩大有裨益。

五、微课对将来英语语法教学的启示

(一)激发学生学习动机

对于高中英语语法教学来讲,繁杂的语法结构和枯燥漫长的课程设置是最容易使学生产生厌烦情绪的教学,但面对学生发展需求又不得不进行这样的教学。此时微课的使用可以帮助教师提升学生兴趣,对于学习动机的激发,必须要从两方面入手,第一是学生的需要,第二是刺激性。明确告知学生需要运用语法知识巩固学习,为将来的考试提供帮助,这是学生必须学习的理由,也是学生的第一需求。在此基础上,从学生心理进行指引,鼓励学生自主学习,人心是人类行动的第一永动机,学习动机是由外部多重刺激产生的自我原动力,将需求与外部刺激相结合是实现学生自我价值的重要心路。

(二)重视学生兴趣培养

兴趣是学习效率的基础,学生对学习内容不感兴趣,那么学习效率就会大打折扣,一旦出现厌学状态,所影响的就不再是单独某门学科,甚至于影响学生的未来发展。所以高中教学过程中,教师要主动培养学生对课程的兴趣点。微课教学的最大特点就是带动学生积极性,将枯燥的课程趣味化,增加学生实践的机会。英语语法学习就必须激发学生的学习兴趣,以兴趣为切入点进行繁杂的教学,利用学生的需求心理和班级竞争的刺激性,让学生钻研学习,做到理论与实践的结合,进行真正有利于身心的教学。

(三)明确教学主体

新课程改革的目的是改变固有教学模式,创造新的教学方式,让学生在现代化教学环境中成长。学生在课堂教学中所处的地位应该更高,学生在未来教学中应处于教学的主体地位，整个教学过程必须围绕学生展开，而教师仅作为课程的辅助者存在于课程，帮助学生解决难题和进行引导。这种新的教学理念在使用过程中是一个难题，传统教学观念根深蒂固很难被立刻改变，只能循序渐进地进行改革。因此学生的主观意识就是实现此种教学方式的根本点。学生在课程中是教师的朋友，在课堂中学生与教师是相互学习、共同协作的合作伙伴关系，教师将课程的主动权交予学生，并且参与到学生的学习中，教师是课堂纪律的维持者，是课程进度的掌握者，但不再是课堂教学的主人。这种提升学生主观能动性的教学方式是微课教学的最大特点，充分调动学生积极性，将学生的思想高度提升，让学生的思行一致，对提升课堂教学质量和上课效率将起到了良好的作用。

微课教学是新课改下出现的产物，其主要特点就是将课程内容更新，改变原有课程结构，将课程变得更加新颖并且富有趣味性，调动学生主动学习的积极性，帮助解放教师。新型教学模式的使用，将教师从繁重的课程任务中解放，教师可以发挥更多其他的作用，能够帮助更多的学生解决问题。为了更好地促进学生学习，提升师生素质，为学生今后的学习奠定基础，培养出更多全方位发展的核心素养人才，微课的引入是十分必要的。但在教学过程和微课使用的探索阶段，面对的难题将不断出现，这就需要全体教育工作者不断改进教育方案与教学方法，将微课妥善运用于教学中。

六、高中英语语法教学中情境教学策略的运用

（一）应用影视情境，激发学习英语语法的兴趣

高中英语语法教学中应用影视情境，首先，教师必须详细阅读教材，充分了解要传授的教学内容，同时还要对学生的个性有一定的了解，这样，便于使用适当的情境教学策略，激发学生对语法学习的求知欲，提高语法教学效果。高中英语语法教学中应用影视情境，创设情境可以使用一些影视资料，生动活泼的影视资料，更容易激发学生学习兴趣，吸引学生的注意力，通过实际案例教学，达到教授英语语法的目的。例如：在使用多媒体进行课堂教学中，笔者运用《蜡笔小新》作为素材，为学生播放了一段英文版动画《蜡笔小新》，由于学生们比较喜欢蜡笔小新，因此，对动画资料也非常感兴趣，在动画资料中，蜡笔小新有一句台词说："Ss : Do you dare to eat green peppers？（你敢吃青椒吗）"，这段资料的内容引出了情态动词 dare 语法，在情态动词 dare 的讲解中，笔者不仅借此机会让学生掌握这一语法的用法，还拓展和延伸了知识，以便于增强学生对语法的理解和认识，让学生思维能力得到锻炼。将语法运用在实际交流中，不仅有利于促进学生主动思考，还有利于增强学生英语表达能力。高中英语语法教学，不仅要关注书本上的知识，还要针对学生个性创设有效的教学情境，使学生能够带着兴趣去学习语法，以有效提高课堂教学效果。

（二）运用经典故事创设情境，提高课堂教学的实效性

在高中英语语法教学中，使用经典故事创造情境，更有利于提高课堂教学的实效性，培养学生的英语交际能力，促进学生英语写作能力的提升。例如：在高中英语情态动词方法教学课堂上，笔者为学生展示了一张有故事的连续图画，并引导每位学生描绘一下故事连续图画的情境，当然，必须要用情态动词去描绘讲述画中的具体内容。并且，还要用过去时、现在时、进行时描绘，使用不同的情态动词描述连续图画故事，更有利于学生发散思维，生动和逼真的语法教学课，使学生在故事的描述中学会了运用英语语法，这不仅节省了教师大量的教学时间，还增强了学生的成就感，让学生巩固了课堂教学知识，培养了学生的创新能力，提高了学生的综合素质，获得了良好的教学效果。让学生用情态动词描绘连续图画故事，可以使英语语法教学有声有色，学生根据教学情境应用语法，学习热情被充分调动起来，有声有色的语法教学，更有利于帮助学生记忆语法知识点，巩固学生语法知识，培养学生语言表达能力。在对故事情境的模拟中，学生的课堂主体地位获得了提升，学生在潜移默化中提高了听、说和写作的能力，学习的主动性得以充分发挥，因此运用经典故事创设情境，对于提高课堂教学实效性有重要作用。

高中英语语法教学中情境教学策略的运用，更符合素质教育的培养需求。英语语法学习比较枯燥，应用情境教学策略，不仅有利于激发学生的学习兴趣，活跃课堂教学气氛，更有利于学生在轻松愉快的氛围中学习英语语法，积极开动学生的脑筋，使得语法知识变得直观形象，增强学生学习语法的自信心，使学生能够以良好的学习状态进行学习，不断提高自身综合素质，以获得良好的语法学习效果。

在高中英语语法教学中，情境教学策略的运用，不仅有利于促进学生课本知识学习，更有利于培养学生的综合素质。在英语语法教学中，形象直观情境教学策略的应用，情境的设置是具体和形象的，创设出的情境看得见、摸得着，具体场合和环境或者景象设置情境，更容易被学生所感觉。应用形象直观情境教学策略，图片和实物都可以成为创设情境使用的工具，当然，也可以运用多媒体技术进行情境创设，引发学生的求知欲，激发学生继续探索的欲望。可以说，应用形象直观情境教学策略，可以使英语语法教学更加直观形象，使学生更加容易理解语法的重点和难点，增强学生对英语语法的理解和认识。新课改背景下，在高中英语语法教学中，教师要注重培养学生的学习兴趣，通过有效的教学情境创设，实现寓教于乐，提高课堂教学效果。在高中英语语法教学中，教师为学生营造快乐的学习情景，使用寓教于乐情境教学策略，有利于学生在轻松的氛围中掌握语法知识和技能，在快乐情境中学习英语语法。在教学情境创设的过程中，教学材料一定要有针对性，教材内容一定要符合学生需求。这样，才有利于教师在快乐的学习氛围中，调动学生智力因素和非智力因素，使学生能够积

极参与到课堂教学之中，积极学习英语语法，以有效提升课堂教学效果。另外，在高中英语语法教学中，情境教学策略的应用，还有利于积极开动学生的脑筋，让知识不再"冷冰冰"，应用形象直观情境教学策略，语法知识变得直观形象，可以极大地缩短学生所花费的认知时间，提高学习效率。

七、内隐学习理论对英语语法教学的启示

当前我国英语语法教学主要有两个弊端：一种是过于重视语法规则的讲解，而忽视了让学生去体验和感悟语言。另一种是过于强调语言的交际性，而忽视甚至放弃了语法规则（张人，2004）。事实上，造成上述弊端的根源就在于割裂了内隐认知和外显认知的辩证统一关系。故而，有效的英语语法教学必须让这两大认知机制协调合作。

（一）在语法教学中要创设情境，加强语法认知

语法教学中如果只进行大量机械孤立的语法练习，就忽略了外语学习的灵活性和开放性，只会导致语法规则的死记硬背，没有实用价值。成功的语法学习应该在外显语言规则和语言的交际性应用之间寻求平衡。而外显的语言规则知识，只有在情境化的交际环境中，在较为真实的话语环境中得以运用才是真正掌握。把语法规则置于情景语境中，即有目的地设计含有语法规则的交际活动，通过最新的语言材料，饶有趣味的题材，来制动学生，吸引学生。必须特别强调的是，情景语境的设置必须遵循合理性和真实性原则，这样，语法规则就结合了意义材料，由控制练习过渡到了自由随意练习，使得学习者在不知不觉中感知了规则，继而理解和掌握语言。

（二）在语法教学中要外显语法教学和内隐语法教学相结合

在实际教学中，我们可以发现学习者的个性差别导致学习风格的不同，有的喜欢外显教学方式，有的喜欢内隐教学方式。在开展语法教学时教师应充分考虑学生的个性差异，使教学手段尽可能地满足学生的学习风格需求。因此，最佳的教学方式应是在教学实践中实现兼并，做到外显语法教学和内隐语法教学的有机结合，并适当增加外显教学的成分，使学生在有意识地学习语言规则的同时在语言运用中内化语言知识，从而习得语言。例如，在讲解某些同汉语的语法结构相似或者对中国学生来说并不难掌握（如宾语从句）的英语语法结构时，学生一经指点就可以进行交际活动，用不着大量完成乏味的句型操练，这就适合用内隐语法教学法。而在讲解学生较难理解的同汉语完全不同的某些语法结构时，教师就应该采用外显教学法，通过讲解、呈现、句型操练来强化后再进行交际活动。从形式上看，外显教学主要是通过选择、翻译、完形填空、连词成句、句型转换等控制程度高的练习让学习者去"演绎"语法知识。

（三）在语法教学中要选择语料，强调对语法功能的鲜活体验

在语言教学中，语言输入的数量和质量是至关重要的，只有向学生展示大量的真实的语料，才能让学生注意并领悟所学语言的形式特征。这些鲜活的输入活动能使学生在学习中成为语言用法的研究者，而不是知识被动的接受者。另外，鲜活的语言材料，既真实地道又具有时代感，说服力强，学习者通过亲自对语料进行观察和分析，从而加深对语言现象的印象，深化语言知识的理解。王培光（2005）主张综合考虑功能、情景、词汇和语法结构，但要把交际的需要置于首要位置，保证课内外练习所提供的语料真实自然。真实的语料包括隐含某些语法项目的音像资料（幻灯、广播、碟片、电视、电影等）和文学材料（广告、报纸、诗歌、杂志等）及电子素材等。这样，学习者的内隐认知就会自动帮助他们提取语言材料中隐含的语法规则，形成语感，活化语法，使他们在语形、语义和语用上达成一致，不知不觉地从语言的识辨者和记忆者升级为语言的使用者。

总之，语法知识量大、理论性高、系统性强，是整个英语教学中的一个关键的组成部分，在英语教学中不断探索教学新方法，发展教学新模式是课改新形势的要求。内隐学习理论研究极大地冲击了教学的固有概念，为构建英语学科的学习理论体系提供了科学依据，同时也为更新教学理念、教学方法和教学策略提供了理论支持。因此，在这个崭新的研究领域中讨论中学英语语法教学的科学性与时效性是与时俱进且具有实践意义的。教师在教学中要合理地综合运用外显和内隐这两种认知机制，使学生建立语言形式和语言意义之间的紧密联系，发展灵活运用语言的能力，达到高效学习的目的。

第五章　高中英语高效课堂构建策略

第一节　高中英语语块教学策略

随着社会发展对于人才素质要求的提高，基础教育需要加大对于学生全面素质培养的重视，体现在英语教学上，就要求学生不拘泥于应试，要活学活用，达到听说读写相对均衡发展的目标。然而受制于多学科教学的要求，高中英语教学常常无法使学生在学习时间上得到更多训练，从而掌握技能，因此教育者需要反思过去教育的不足，创新教学方式，提高教学效率。

语言习得既是掌握一项技能又是开发智力、拓展思维的有益学习。学生学习英语时不应只是抱有短视的功利目的，应该看到学习本身对于自身的影响。因此，在完成应试要求后，学生不应认为英语学来用处不大而不去攻克听、说方面的短板。基于此，英语教授者也应反思自身对于英语教学的态度与目的设定，应尽力以学生全面发展与技能基本掌握为目的进行教学。

一、英语语块教学法的内涵与优势

母语者与二语学习者最大的不同就在于其处理语言的速度不止反映在听力速度上，同时其口语表达能力也体现出大脑反应速度的不同。这种差异的原因与其说是词汇量的不同，不如说语块记忆的存储量有显著差异。

语块可以定义为由多词构成，可以表现为词组、句式等多种形式的词块、句子、语篇，也是能体现一定的语法或语用功能的结合体。而语块与一般词汇不同之处也就在于其不是以单个词汇为单位，而是尽量延长，一般以句子为单位。语言在正常交流甚至书面写作中的形态，多数就是由大量的语块组成的。而母语者与二语习得者的不同在于其幼儿时期大量接触这些语言，模仿、记忆大量的语块，以至其可以在学习时掌握基本的交流技能。

反观大量词汇记忆的学习方法，学习者不仅在记忆背诵的过程中面对海量词汇无从下手，并且在阅读、听力中能深刻体会到词汇量不足对于语言理解十分吃力。而更残酷的一点是，学生在背记单词后又极易忘记，脱离实际语境的强记硬背对于单词本身难以巩固，更遑论单词具有的各种词性与含义。

具体表现在听说读写技能上，学生常常根据单词来反应，在听说上已然差了一大截，在写作上也常常无法理解真正的语言之美，而流于公式化套路化的写作模板。这对于学生掌握语言技能实则事倍功半。

大脑在短时处理语言信息时，一般一次性只能处理5到9个单词，若是以单词为基本单位，学生就会出现反应迟缓，甚至在交流回应时也常因搜索记忆词汇困难而有开口障碍。因而二语学习者在传统的教学模式下学习多年也无法达到母语者的水准。

然而语块学习法则是更接近于母语者的学习机制，以语块为单位进行记忆存储，在听力方面无须逐词听懂就能很快地反应，在写作上也能运用更加接近母语者语言习惯的句子而使得英语的运用更加地道。基于上述优势，在基础教育上，英语教师不妨反思传统教学方式的不足，运用新型的语块教学法提升教学效率[1]。

二、语块教学法对于听说能力的培养

语言作为一项工具能够在现实生活中发挥其作用，而传统教学往往忽略语言学习的本质目的，单一关注学生成绩的提高并不能真正有效地培养语言技能，更遑论语言学习对于学生智能方面的积极影响。英语本身特质与汉语不同，汉语的学习中必须单独进行汉字的学习，语音与文字有一定程度的分离。而英语实际上拼读功能比较完善，许多词汇句子会读，掌握一定的拼读技能就能正确书写。因此其学习掌握的要点还在于听说能力上。学生英语能力不足的根本原因在于其有效输入过低。课堂上教师以讲解词汇、语法为主，很少进行整块的语言输入，而这种方式对于学生的正确输出——如写作、交流能力——培养效率十分低下。脱离了语境，词汇记忆显得尤为艰难，离开了大量输入，语言输出只能靠模板记忆，与考试环境分离，工作生活中用到的翻译、书信写作也必须依靠电子词典机械翻译，这根本不能说是教育的完成。因此教育者需要反思不足，应该更切实际地为学生着想。

语块教学法与传统教育的不同就在于其自带语境的输入模式。学习者甫一接触语块就能感受到迎面而来的文化气息。如在课堂内容中加入一定的经典名言或文学作品中的经典句子，则可以让学生体会到不同文化体系下的语言之美。如《老人与海》中的经典对白"A man can be destroyed but not defeated."课堂上教师可以动员学生对名著进行角色扮演，由学生对文章华彩进行解析，培养其自主阅读输入的兴趣。同时鼓励学生进行大量的听力训练，不只是考试形式的考查单一词汇辨认能力，还是利用语块教学法提高学生对于大段文章的含义辨认能力，确保学生能听懂，再进行细节训练，

---

[1] 胡壮麟，主编.语言学教程[M].北京：北京大学出版社，2002.

达到事半功倍的效果。

三、语块教学方式探索

语块教学法能解决诸多传统教育方式的问题，然而其具体的教学方式仍然需要教育工作者进行探索实践。目前的语块教学方式还是无法完全摆脱过去应试教育的影响，因此教育需要结合当前的教育大背景，兼顾高考选拔机制与学生技能培养。

（一）以语块记忆代替词汇记忆

教师在讲解语块时应注意讲解清楚其具体含义，并将其放在具体语境下进行理解，并比较同类型语块的异同点，分析其表达模式，讲解在不同的情境下语块的运用有何不同，并设置相应的题目测试学生对于语块的掌握情况，能够达到举一反三的效果。因语块记忆运用效率远高于单纯的词汇记忆及规律性不足的词汇、词性、语法运用的记忆，因此教师应避免过去教育方式中遇到生词大讲特讲而学生学完就忘的缺点，多在课堂上利用语块，加强情景记忆，提高学习效率。

（二）循序渐进运用语块教学

学习的过程常伴随着瓶颈期，教师应注意观察学生学习的停滞期，在记忆的同时加强训练。语块能力在写作上较为突出，教师也可以利用语块法的特色发展学生在翻译方面的能力，这同样有利于写作的语块积累。

语言的学习对于智力的塑造十分有益，教师不应只将其当成考试的工具，而应站在学生的角度思考传统教育的不足，以学生多方面发展为目的进行教学改革，真正做到以学生为本的良性教育。

第二节 高中英语构词法教学策略

本节以英语词汇构词法在教学中的应用为主线，分析了词汇的重要性及词汇教学中的问题，结合实践，探讨了几种构词法教学及其课堂教学的应用。

一、派生法

派生法就是在某一词根前或后加上某个词缀来产生新词，词缀包括前缀和后缀。前缀（prefix）能改变词干（etyma）的词义；后缀（suffix）能改变词干（etyma）的词性。英语单词中常用词干300多个，常见前缀和后缀分别有100多个，高中阶段常见的否定前缀有 un-、in-、im-、il-、ir-、non-、dis- 等，这些前缀使延伸出来的派生词变成原词的反义词。例如，aware—unaware；convenient—inconvenient；possible—impossible；legal—illegal；regular—irregular；smoker—nonsmoker；like—dislike。英语中常见的后缀很多，-or、-er、-ee、-ist、-ian、-ant 等构成表示人或物的名词，如 translator, employer, interviewee, artist, musician, assistant；构成形容词的常用后缀有 -able、-ible、-ed、-ing、-al、-ful、-less、-ish、-ive、-ous 等，例如：peaceful, hopeful；-en 动词后缀，构成表示做、使成为、使变成等含义的动词，如 strengthen, sharpen 等。通过了解这些词缀，学生就会很容易扩大自己的词汇量，例如认识 satisfy，就会认识 dissatisfy, satisfied, satisfying 和 satisfaction 等词。利用同一词干，在其前后使用词缀就可以记忆新词，并且能够举一反三，积累词汇，例如，use, useful, useless, used, unused, user, usage。学生可以知道动词加后缀 -ful 可以变为形容词，表示主动意义，表示"具有……性质的"、"易于……的"或"可……的"；名词或动词加后缀 -less 构成形容词，表示"无……"或"不能"；动词后加 -ed 变成形容词，表示"可……的""已……的"；形容词、副词、名词之前加 -un，表示"不……""无……"动词后加 -er/or 可变成名词，表示"可做……的人"或者是"行为者"；后缀 -age 表示"状态""动作""集合"。以此类推，学生看到 careless, careful, limit, limited, limitless, 就可以对比进行联想记忆，从而巩固对派生词的认识，扩展词汇，有成就感，培养记忆单词的策略[1]。

二、转化法

英语中有些单词在不同的语境下词义基本不变，但是词性会发生变化，学生了解这些差异，对于扩大词汇量大有帮助。如有些名词可以转化为动词，"drink water"中"water"为名词"水"，"water the flower"中则转化为动词"浇……"；有些形容词也可以转化为动词，"slow speed"中"slow"为形容词"慢的"，而在"slow down"短语中则为动词"减慢"；有些动词还可转化为名词，如"try your best"中"try"为动词"尝试"，但在"have a try"中则为名词"尝试"。

The villagers bought a pump with which they can pump water from the only well in order to live well.Pump 既可以做名词"水泵"，也可以做动词"用水泵抽水"；well 在此句话里有名词"井"的意思，有副词"好地"的意思。The boy lying on the bed lied to his mother laying a table that that cock had laid an egg. 在讲解 lie, lay 的用法时，笔者常让学生翻译"躺在床上的男孩向正在摆放桌子的母亲撒谎说那个母鸡下了个蛋"，在其过程中，让学生记住 lie 当"撒谎"的动词时，它的过去式、过去分词的变化方式是规则变化；lie 当"躺"的意思讲时，它的变化不规则；lay 既可以是动词"摆放，下蛋"

---

1 邓炎昌，刘润清. 语言与文化 [M]. 北京：外语教学与研究出版社，1989.

的原形，此时也有自己的不规则变化，也可以是"躺"的过去式。学生会在翻译此句的时候知道这就是个谎言（lie 也可是名词）。

三、合成法

英语中会将两个及以上的单词合成为一个新词，新词的含义一般就是把合成的两个词的词义综合一下。笔者在教学中帮助学生总结了合成法的规律。例如，可以通过以下方式合成名词：名词+名词，如 footprint；名词+动名词，如 sightseeing；形容词+名词，如 part-time；动名词+名词，如 waiting room；动词+名词，如 playground；动词+副词，如 breakthrough；副词+动词，如 outbreak 等。可以通过以下方式构成形容词：名词+形容词，如 world-famous；名词+动名词，如 peace-loving；名词+动词过去分词，如 heart broken；形容词+动词现在分词，如 outstanding；副词+动词过去分词，如 well-known；形容词+名词+ed，如 absent-minded 等。可以通过以下方式合成动词：名词+动词，如 moonwalk；形容词+动词，如 safeguard；副词+动词，如 overlook 等。

由此可见，英语单词构成有其规律，很好地掌握构词规律，就可以快速地、准确地记忆单词。从高考英语考试题型中出现语法填空以来，教师在常规的教学过程中就将动词、名词、形容词、副词的派生变化进行归类，采用"板块记忆法"的教学模式：把一个单词分成不同的板块（前缀、词根、后缀），让学生记住词的意义主要是由词根体现出来的。词根可以单独构成词，也可以彼此组合成词。词根决定单词意思，前缀改变单词词义，后缀决定单词词性。笔者在词根板块记忆教学中总结了一些在高中单词中出现频率较高的词根。如"spect"这一词根相当于 look，因此 inspect 可拆成两部分，in- 表示"内""里"，"spect"表示看，"向里面仔细看"所以意为检查、审查；expect，ex- 表示"外"，意为"向外望"，所以表示盼望、期待、期望；respect，re- 表示"再、重复"，意为"重复地看"，说明重视、看重某人，所以表示尊重、尊敬；suspect，sus-=sub-，表示"下"，意为"由下看"，那就是偷偷地看，所以表示怀疑、猜疑。

笔者在前缀板块记忆法中总结常见前缀的一些规律。例如表示否定的前缀：dis- 一般加在名词、形容词，动词之前，disadvantage（缺点）、dishonorable（不光彩的）、disagree（不同意）；in- 加在形容词、名词之前，incorrect（不正确的），inability（无能，无力），inaccurate（不准确的）；im- 加在字母 m，b，p 之前，impossible（不可能的），impolite（不礼貌的）；il- 加在以 l 开头的词前，illegal（非法的），illiterate（文盲的，没文化的），illogical（不合逻辑的）；ir- 加在以 r 开头的词前，irregular（不规则的），irresistible（不可抵抗的），irresolvable（不能分解的，不能解决的）；un- 加在名词、形容词、副词之前，unfinished（未完成的）、undoubted（无疑的）、unemployment

（失业）；non- 加在形容词、名词前，non-existence（不存在），non-essential（不主要的）；mis- 加在动词、名词之前 misunderstand（误解），misjudge（误判），misleading（误导）；co- "共同"，如，co-exist（共存），co-operate（合作），co-education（男女同校）；multi- 多，multi-colored（颜色多样的），multi-national（多国的）、multi-functional（多功能的）；inter- "相互""之间"，interdependent（互相依靠的），international（国际的）。

后缀板块记忆法，笔者按照词性分类。常见的动词后缀及其具体含义如 -ify "转为，变为"，如 beautify，diversify，simplify；-ize；-en "使……变得"，如 organize，symbolize，ripen，widen，threaten。常见的形容词后缀：-ful "充满，有"，如 useful，pitiful，hopeful，helpful，forgetful，thankful，fearful；-less "没有，无"，如 speechless，harmless，hopeless，meaningless；-ly "有……品质的"，如 beastly，manly，brotherly，friendly；-y，-ish "像……一般的"，如 sandy，silky，hairy，foolish，girlish，blackish；-some "像……一样的；引起……的；有……品质的"，如 troublesome，tiresome，bothersome；-able "能……的；可以……的"，如 changeable，readable，drinkable，comfortable。

学生掌握了构词法板块的基本规律和意思后，记忆单词的时候就会触类旁通，在阅读过程中也能大胆联想、猜测合成词的意思或者灵活地进行词类和词义的转换。例如在阅读中遇到生词"independent"时，学生可以通过板块记忆法把这个单词分成"in-""-depend-""-ent"这三个板块，词根 depend（依靠）+ 形容词后缀 -ent→形容词 dependent（依靠的）+ 反义前缀 in-→形容词 independent（不依靠的，独立的）。

综上所述，笔者在高中英语教学中通过介绍构词法扩大学生的词汇量，借助课堂内外听写、词汇小测试、电影配音等有效的督促手段强化学生记忆单词力度，使学生在学习的过程中，自己完善记忆方法，掌握相当数量的单词，为英语学习打下坚实的基础，逐步提高英语学习的成绩。

第三节　高中英语教学有效学习策略

传统的教学方法认为教学过程包括教师、学生和教材三个因素。将教材的内容全部装进自己的脑袋里，拥有这种学习方法的学生并没有从机械记忆和死记硬背的学习方法中解脱出来，也没有完全适应高中的英语学习，最终将严重影响英语知识的输入和输出，逐步变成了学困生。其原因在于他们不善于运用有效的学习策略，不懂得如何对所学知识进行归纳、总结和引申。那么，如何引导学生运用学习策略来学习，已经成为英语教师要解决的一个重大问题。

一、主动学习

英语教学一直强调学生学习的主动性和积极性。学习的主动性和积极性产生于学习的兴趣。"知之者不如好之者,好之者不如乐之者。"要让学生由"要我学"变成"我要学""我乐学"。首先,要有积极的态度与信念,即使英语是个难攻的碉堡,但终究也会被攻破。其次,要有明确的学习目的和动机,要看到英语学习是社会发展的需要,同时也是个人未来发展的需要,这样就会有动力,促使学生主动地学习[1]。再次,拿出勇气和毅力克服学习中的一个个难关,珍惜学习中的点滴进步,树立信心,培养兴趣,学习效果就会逐步提高。

二、独立学习

每个学生都有潜在的独立学习能力。我们往往提到要注重培养学生的独立学习能力,但在实际学习中,却存在忽视和低估学生的独立学习能力的倾向。在高中阶段,学生要从依赖走向独立,从"依赖课堂、书本、教师"到"超越课堂、书本、教师",学会自我调控,运用学习策略,最终实现"我能学好"的学习目标。以英语词汇学习和阅读技能培养为例,进入高中后,许多学生感到头疼的是词汇量大,记不住单词。这时单靠老师课上领读单词、解释词义和用法是远远不够的。学生必须要形成一套独立学习词汇的方法。孤立地死记硬背单词表不是个好办法,一定要运用拼读规则、音标和构词法拼读和记忆单词,做到音、形、义相结合。英语一词多义,因此要在上下文中猜词并正确理解词义,要善于使用联想、分类、对比的方法自觉地按单词的词义、词性或拼读特点将所学的单词归类,成串地记忆单词。

三、探究学习

新课程倡导探究学习是为了尊重学生的个性和创造性,教材为学生的充分发展提供了一种开放的学习环境,提供了多渠道获取知识,并将所学知识加以综合和运用于实践的机会。学生不仅要学习有关知识,而且还要学习一些基本的研究方法。以语法学习为例,学生不应该仅仅等待老师去讲解语法知识,还要自己通过读语篇来发现新的语法结构,并能在老师的点拨下归纳出语法规则,通过课本提供的语法注释检验自己的理解,以能完成一系列的综合练习,学会运用。学生对语法练习中的错误要弄清原因,加以更正,最好自备一本工具书,经常查阅。在听说方面,学生要讲究策略,听前要有准备,快速浏览听力练习,猜测内容,弄清目的,听时集中精力,捕捉关键

---

[1] 桂诗春,编著. 应用语言学 [M]. 长沙:湖南教育出版社,1988.

信息，抓住大意。口语方面要经常在课上课下创造机会开展口语活动，在交谈时开动脑筋，用简单的语言来表达较为复杂的意思。总之，听说实践越多，就越有兴趣，越有信心，也就越爱听、爱说。

四、合作学习

合作学习是一种以学生为中心，以小组为形式，为了共同的学习目标一起学习、互相促进、共同提高的一种学习方式。合作学习是师生间、生生间的多变互动，教师不再是唯一的信息来源，师生共同活动，平等地互动交流。合作学习可以营造友好的氛围，缓解个人间的竞争。团队合作中，学生之间相互支持，扬长避短，优势互补，培养团队精神和集体荣誉感。合作学习有助于因材施教，使不同水平的学生互相帮助，共同发展。以写作课教学为例，学生在老师的指导下，逐步形成良好的写作习惯。第一步，让学生在小组中就专题讨论、酝酿并收集资料，确定写的内容；第二步，理清思路，用英语拟定提纲，这一步也可在小组帮助下进行；第三步，个人打草稿，一气呵成；第四步，修改稿子，细心推敲，纠正错误，润色定稿，这一步也可在小组中完成，学生相互纠错，最后撰写清楚。

总之，从英语教学过程中学习策略的培养和训练可以看出，学习策略在转变学生的学习观念，培养自主学习能力方面有很大帮助。学生对英语学习的积极性大大提高，能够主动投入英语学习当中，能够在英语学习过程中不断反思、不断总结经验教训并且能根据一段时间的学习效果，及时调整学习策略，同时学生之间能够相互交流，取长补短，从而找到真正适合自己的学习策略来促使其英语学习成绩的提高。

第四节　高中英语微课教学策略

英语微课依托教育技术的变革和发展，可以在专题、专项等教学方面起到优化教学结构、提升教学质量的显著作用；教学中在聚焦教学重难点、提升师生的互动性方面有着鲜明的优势。这种新型的教学方式随着教学的整体设计单元和教学进度能灵活、集中、便捷、深入地进行教与学的互动和反馈，而且极容易形成系列专题、专项教学研究或校本研究，形式多样、内容丰富，因此我们在提升高中英语素养的过程中，就有必要研究这种教学载体对提升高中英语教育教学质量的实际效能。

一、微课在英语课堂教学中的作用

（一）微课为高中英语教学开拓新思路

根据学情，我们教学环节的设计和采用的教学策略都是对学习内容的目标性和过程性设定，对教学中的重难点都有着详细的探究，围绕教学目标，我们的教学课堂在抓住重点、突破难点方面有着多样化的考虑。然而微课就在于对教学设计与实际教学过程中没有实现的教学任务起着补充和夯实的作用，对需要继续加强的教学问题或后续补充的问题能起强化作用，对学生在学习中遇到的较为集中的难点问题或者学困问题能起到细化研究的作用。在信息化教学的大背景下，我们对微课的教学研究就更具有了针对性和迅捷性，因此我们可以围绕提高英语教学质量、增强师生的课堂互动性和参与性，为教学内容在教学方法上的革新提供素材和模板，为我们的高中英语教学开拓新思路、创造新价值。

（二）微课的展示作用和聚焦作用

信息技术的检索便捷性和量化特性使我们的教学设计能充分考虑到教学资源的优化使用和问题展示，用力量的集中和快捷的方式直击教学中的实际问题，展示出教与学的问题所在，晒出问题实质，这在构建学生知识体系的精准度上有非常鲜明的针对性和延展性，也至少能积极开拓学生的知识视野和培养解决实质问题的技能。只要我们善于利用微课技术发现并及时解决教学中的问题，就能在精确学情的指引下对实际教学中遇到的问题形成聚焦和针对性解决的过程，教学的节奏和环节因变化着的实际学情而变化，我们的整个课堂教学手段和过程更加接地气，更加富有构建力度。

（三）微课促进学生掌握英语课堂教学内容

在教学设计中，我们对重难点问题或单元教学侧重点都有较为固定的精讲要求，并且始终以学生的学习任务作为微课教学研究的层次设计进行讲解和展示。词汇、短语、句型还有文本的新课讲授、各类题型的分析与探究、归纳单元语法或学法的特征等，都可以进行微课展示。知识与技能的讲解往往就是微课研究的侧重点和拓展端点，在知识模块化和系统化越来越鲜明的学习中，学生对微课的注意力和学习的实效性都是处于较高的状态，这能让学生的知识点学习或者知识的探究方法得到及时的肯定或点拨，学生学习的成就感就会油然而生。虽然这种极像快餐式的教学方式有极为灵活而实用的教学意义，但是在激发学生学习兴趣、形成学生的个性学习方面却大有裨益。单元或者课文的精讲部分往往随着教师的教学风格会有所侧重，但是在细化某一个问题的过程中，微课的展示和研讨功能就会在无形中对精讲内容形成专项分析和例证研究，因此微课的使用对精讲的教学有着补充、细化教学过程的作用，能对教学的节奏和环节能起到非常鲜明的调节功能，也有利于学生在发挥主观能动性中对问题的思考更进一步，从而提高课堂的教学效果和质量[1]。

二、重视微课在高中英语教学中的应用

（一）微课要与学生英语学习经验相结合

微课的视频形式可以将这节课作为框架性设计呈现出来，也可以将知识线索或者是知识体系与学习要求一一对应地展现出来，这样就能让学生在学习的主动性和目的性上大胆尝试取得最佳学习效果的方式，以便于积累起最优化了的学习结构和学习经验。因为强烈的目的性和针对性教学，学生一旦进入微课学习的状态，就会对知识学习的直接性和成就感的追求更明显，那么这样就能很容易对学生进行分层教学，教师也能紧密掌握教学节奏，极有利于课堂氛围的恰当营造和教学情景的再次创设。根据学情可以及时调整教学策略，因此微课的教学内容和学情决定了微课的形式丰富多样，它也有利于教师教学风格的成熟和教学能力的增长。

（二）微课前瞻性设计要为英语学习提供语料

作为课堂教学预期设计，除了紧紧抓住教学重难点，我们将教学的步骤和阶段性延伸在课堂上进行充分的展示和回顾，学习内容的预设性和实际教学效果相印证，教师就可以在课堂上直接解析任何教学点，加深学生对本节课中学习内容的印象，而且也有利于不同学习层次的学生自动寻找到该节课学习的切入点，微课的导引性特征就成为教师课堂设计的最初构想，必然要有前瞻性和连续性，这也成为学生主动学习的线索和依据。除了这一点，微课还存在任何教学点或者知识点的导入性质，教师讲解前后与学生学习前后的对比就能对教与学形成动态的互参衡量数据，那么我们的教学反馈和再次优化设计就为教师教学经验的积累提供了更加翔实的材料。

（三）微课要为课堂语言交流提供载体

对学生来说，英语语言的学习较为枯燥，微课的交流特性就会让师生之间、生生之间的交流机会无限增多；教师解析的精炼性和学生学习与应用的直观性为反复练习和针对性解决问题提供了便利条件。例如，在易错、易混淆的例题讲解中，就需要教师做好学生学习中易出问题的积累和归纳，学生就需要在看似简单、实则需要深刻理解的问题中不断增强辨识力，提高学习水平。互动交流和规则分析，甚至是文化背景等的综合分析，在客观上要求教师一针见血地指出问题所在，启发学生增进认识，不留有学习空白。问答的频点会因为授课内容难易程度和学生学习层次的不同而有所变化，但是问题的集中解决和课堂中师生的参与程度却因为微课的互动性而需要提高，

1　陈俊森，樊葳葳，钟华. 跨文化交际与外语教育[M]. 武汉：华中科技大学出版社，2006.

语言本身的交流属性就会通过微课得到淋漓尽致的展现，因此我们可以这样说，微课会让课堂交流成为主要的学习形式，实践性的语言环境模拟会让教师的教学和学生的学习更加具有挑战性。

总之，短小精悍的微课是学生知识与技能不断增强的可靠学习资源，也是展示和提高教与学互动效能、促进课堂教学改革的助推力。当教学设计的前瞻性与教学效果依据教学目标进行印证时，我们微课教学的针对性和实效性就成为高中英语教学的显著特色。

第五节　高中英语情感教学策略

一、情感教育在英语教学中的重要性

对于高中英语来说，与学生进行感情上的交流是教学的本质，也是和学生沟通的有效手段。在学习英语的过程中，利用适当的情感教学可以把学生的主动性与学习积极性很好地调动起来，这对于高中的学生来说是非常好的情感体验，也让教师意识到教学的最终目的不是激发学生的热情和自信，在此基础上的实际应用更为重要；彻底改变教学模式也是关键所在，把课堂交给学生，教师起引导作用，让学生自己成为课堂主体。

二、情感教育在高中英语教学中的应用

（一）从学生的心理特点出发实施情感教学策略

高中英语教师开展英语教学的时候，要对学生的心理特点有所掌握，据此制订英语教学计划。教师在讲授英语知识的时候，以教材为参考，但不可以照本宣科，而是要将教材的课程要求转变为自己的教学思想，对英语知识进行延伸，触及学生的情感兴趣，使学生探索知识的激情迸发出来。鉴于高中英语教学体制注重客观事实而不包含情感教学的固定模式，高中教师要弥补这一缺陷，以情感教育活跃英语课堂教学氛围，以引导学生提高对英语知识的领悟力，从而感受到英语知识的魅力。

（二）运用多媒体辅助高中英语教学

高中英语教学以英语知识的讲解为主。运用多媒体辅助英语教学，可以使课堂教学更为直观、生动，且促进学生积极思考。比如，下午学生普遍犯困，英语教师可以播放一些活泼动听的音乐，让没精打采的学生精神振奋，以轻松愉快的心情参与到英

语课堂教学中。为了使多媒体英语教学产生直观的效果，教师可以让学生针对课堂英语教学内容制作课件。学生制作英语课件的过程，也是对英语知识产生感官效果的过程。动态的画面、不断变换的色彩，都能够激发学生的积极参与意识。

（三）将游戏融入英语教学中

高中的学习安排是比较紧凑的，情感教学下的英语教学可以通过小游戏来进行压力的释放，这对于学生的想象力与学习的热情都是有较大影响的。教师可以依据不同时间段的教学要点来展开，这对于加深学生知识点的记忆是十分有效的。教师对于积极参与的学生必须予以肯定，对于比较内敛的学生可以鼓励其参与进来。如，民族英雄的教学课题，教师可以通过充足的课前准备来帮助学生进行不同角色扮演，并且通过流利的英文来进行英雄的介绍。教师可以进行各小组的轮流辅导，同时给予学生鼓励与支持，并且在点评中可以通过"Excellent""Well-done"等词汇进行表扬，对于一些自我感觉表现不佳的学生可以"Take it easy"来进行鼓励，这些细节对于青春期的学生而言都是非常重要的。

（四）利用教材中情感因素，开发教学中情感资源

在高中英语教学中，教材是情感教学的根本发掘资源，我们要善于挖掘教材中隐含的情感教育素材，并对其加以引导，使学生对教材中的这种情感因素产生共鸣。例如在学习 Large Cities 单元内容时，为学生提供城市堵塞的交通、拥挤的楼群、满是雾霾的天空等图片，以此激发出学生保护生存环境的情感，用英语来讨论如何保护城市环境，教师要从情感角度对教材内容进行加工，以此来感染学生，培养学生的情感态度。我们应对生活有积极的态度，对社会和世界有热忱的关怀，这样才能积极地判断和挖掘出英语教学中隐藏的情感因素，并赋予不含有情感因素的教材内容以情感色彩，这样不仅扩展情感教学范围，并能取得良好的情感教学效果，培养学生的社会责任感[1]。

（五）善用评价，激励学生，体验成功

根据情感教学心理学的原理，教师可以从情感的角度对教学评价进行优化处理，在对学生学习中的反应做出认知反馈的同时，给予学生情感上的影响，以充分发挥学生在情感方面的积极作用。例如，对于回答问题正确的同学，我常用"Very good！""Excellent！"等做出肯定的评价；对于回答正确一部分的同学，我也用"Good""Well-done"来对正确的部分进行肯定和鼓励，也让他们品味成功的喜悦，激发培养他们学习英语的兴趣；对回答错误的学生，尤其是英语基础差的学生，我也从不对他们进行批评，而是对他们敢于表达自己的观点加以表扬，并用"It doesn't matter, just have a try""believe you can do it better next time"等鼓励性的话，使他们感觉到自己也在不断进步，给他们减轻压力。事实证明，我这种发自内心的评价或赞美

---

[1] 沈江，丁自华，姜朝妍，主编. 航海英语[M]. 大连：大连海事大学出版社，2012.

激起了越来越多的学生在课堂内外学习英语的热情。此外，我们还可以结合作业检查对学生做出积极评价。所有的学生都十分关心和在意老师给自己的作业评价，因为一个分数，一句评语都表现了老师对自己的态度。细致的批改、积极的评价，不仅反映了一个教师的工作态度，也影响着学生对学习的态度。批阅时不仅要给予对、错评价，而且还要对学生写错的予以更正并指出错误原因，同时也要针对每个学生的具体情况及时提出建议，给予指导。试想一个老师改作业从来只有一个日期的话，恐怕学生连作业发下来后看一眼的兴趣都没了，长此下去，作业、学习的兴趣也就没了。积极肯定的评价会使学生在英语学习过程中不断体验进步与成功，认识自我，建立自信，调整学习策略，促进学生综合语言运用能力的全面发展。

教育既是一门科学，也是一门艺术，英语教学也存在着自身的规律。教师对学生学习英语的情感态度进行培养的过程，就是英语教学。只有对学生的情感教育进行重点培养，学生才会自主自觉地进行创造性学习，在英语学习中才能形成独立克服困难的意志，学习英语的综合能力会不断加强。英语学习中的情感教育的应用，就是希望可以对学生终身的英语学习和发展，还有健全人格的培养奠定基础，从而获得在英语学习上的成功。

第六节　高中英语情境教学策略

情境能够使学生在学习过程中对教学内容产生代入感，从而吸引其将注意力全部地付诸英语课堂中，能够提升学生的自主学习能力，激发其对于英语学习的兴趣。通过将教学内容情境化，教师能够最大限度地调动学生的积极性，带领学生思考学习过程中需要解决的难题，在思考过程中发现自身存在的不足，并且加以改正。

一、高中英语课堂开展情境化教学的必要性

（一）创建锻炼语言能力的情境

英语是高中教学中重要的学科之一，而且作为一门语言学科，它就更加需要学生能够熟练掌握其表达方式。但是由于英语不是作为母语出现的，所以学生在学习过程中往往会遇到诸多难题，这时候教师就可以采用情境教学法来应对这些问题，结合当下的教学内容，为学生创立合适的语言情境，使得学生能够敢于开口，最大限度地激发起学生对于英语学习的兴趣。合理的语境能够帮助学生练习口语，巩固课堂中学习过的知识点，还能够锻炼学生的英语听力，提升其自主学习的能力。

（二）建立语言实践的情境

教师可以通过情境化教学为学生提供锻炼口语的场景，将实际生活与教学内容相结合，将高中英语教学与实际相关联，以此来实现英语交际的教学目的，提高学生的英语实践能力。基于生活的英语情境化教学能够使学生进一步了解到英语在日常生活中的某些确切用法，落实英语口语教学的最终目的，使学生能够在交流过程中正确地使用英语。

（三）巩固书本理论知识

基于信息技术的飞速发展，我国绝大部分高中已经引进了多媒体教学，以现代化手段作为辅助，摒弃传统教学的弊端，有效实现课堂教学大容量、高效率。教师在高中英语教学过程中，可以以信息技术手段为基本，为学生创建相应的教学情境，深化学生对于书本理论知识的理解。情境教学法能够将抽象的知识通过实际表现出来，例如视频、图片、音频等[1]。这种教学方法能够使学生直观形象地了解到英语与汉语之间存在的不同，避免在学习过程中受到汉语语言特征的影响，为学生提供多方面、多角度的学习途径。

二、情境教学法在高中英语课堂中的应用原则

（一）符合学生身心特点

高中生的身心发育已经趋近于成熟，正处于一个较为关键的时期，即使已经经过思想道德观念与学习思维能力的学习，但是相对来讲，其心理素质依旧不够，各个方面的实践经验也相对匮乏。所以，教师在开展情境化教学时，应当遵循以学生为主体的新时代教育理念，了解学生认知范围内的学习生活，从而使得情境能够与学生的身心特征达到同一层次，从而深化情境教学法在高中英语课堂中的实际效用。

（二）基于生活出发

情境教学法其中的一项基本要求就是能够使学生对课堂产生代入感，以此来顺利地开展英语教学。因为，教师在设计情境的过程中，不能够脱离生活实际，由于英语这门学科有一定的实践性，尤其是在口语方面，教师更需要积极调动起学生对于口语的兴趣，培养学生良好的思维能力，使得学生能够将课堂上学习到的知识学以致用，发挥出英语教学的积极作用。

---

[1] 沈江，丁自华，姜朝妍，主编. 航海英语[M]. 大连：大连海事大学出版社，2012.

三、情境教学法在高中英语课堂中的实际应用

（一）基于教学内容出发创立情境

在进行高中英语课堂情境化教学时，教师需要合理掌握情境化教学内容，课堂整体不能脱离教学主旨，在教学开始前，可以通过一首英文歌曲来将学生带入情境之中，教师通过歌曲对学生进行提问，同时提出引导性建议。与此同时，教师还可以将教学内容设计成情境对话，通过良好的语言环境来提升学生的英语口语能力。

（二）灵活使用多媒体教学，丰富高中英语课堂

由于我国信息科技手段发展迅速，社会各个领域开始逐渐接受这种新时代背景下的产物。多媒体技术能够以最为直观的方式将抽象定义表达出来，通过图片、视频等将教学内容转化成学生易于接受的形式。在授课过程中，教师还需要做到正确引导，能够使学生的思考方向与教学主旨达到统一，通过正确的想象来弥补抽象教学中的不足。

教师在利用多媒体教学时，怎样才能够知道学生的学习情况呢？这时候就需要教师合理地选择考核方式，这既能够激发起学生对学习英语的兴趣，同时还能够进一步检查学生对于相关知识点的掌握情况。例如人物英语配音。教师可以为学生播放相关视频，然后为学生分组，让组内学生自由协商每个人所扮演的角色，然后根据视频进行英语配音，强化学生的英语口语能力。

（三）创建生活情境，提升学生英语水平

英语作为一门语言类的学科，其学习与应用与实际生活密不可分，绝大部分教材内容都是以生活作为出发点，进一步延伸拓展而成的。所以，高中英语教学过程中，教师可以结合实际生活创立教学情境，使得学生能够感觉到自己置身于实际生活中，并且将课堂中学习过的知识点学以致用，从而达到最佳的学习效果。

学以致用作为英语教学中几大重要目标之一，也是教师的教学重点。首先，教师可以通过角色扮演的方式来将学生带入教学情境之中，学生能够在扮演角色的过程中练习口语，还能巩固课堂中学习过的知识点，做到学以致用。其次，教师还可以采用英语辩论的形式，通过学生的竞争心理，以辩论的手法将其带入教学情境之中，这种做法能够使学生全身心地投入教学课堂之中，以达到更好的教学效果。最后，教师还可以采取比赛等方式来激活情境，进一步调动起学生对于英语课堂的兴趣。

（四）创建问题情境

有效的思考首先需要以合理的问题作为基础，这样才能够最大限度地调动起学生的学习兴趣。问题作为一种极为普遍的教学手法，其作用非同一般，教师在进行高中

英语教学过程中，由于高中生对于英语的知识点掌握相对较多，所以教师在设计问题时需要考虑到各个方面，从学生的角度出发，在高中阶段学生们已经有了一定的词汇基础，因此在阅读教学环节中，教师可合理采用粗线条的教学方式，将学习的主动权交还给学生，令他们在学习过程中不断地自主提问、自主回答，提升学生对于英语学习的兴趣。

根据上文所述可知，情境教学法是高中英语教学中必不可少的一种教学手段，其在教学过程中发挥着极其重要的作用，它能够将抽象的教学内容转化成实体，通过视频、图片等形式表述出来，使得学生能够直观地了解相关知识点，进一步提高学生的学习效率，从而为提高教师的效率奠定基础。情境化教学法不仅能够激发学生对于英语学习的兴趣，在有效开展高中英语课堂方面也有着非同一般的作用，同时还推动了我国教育事业的发展。

第七节　高中英语任务型教学策略

一、任务型教学法简述

这种教学方法最明显的特点就是它有着较强的目的性，能够让学生保持着合作与交流的状态。教师在英语课堂教学的过程中运用这种方法，能够充分保证学生的主体地位，让学生在教师的引导下，结合自己既有的经验与知识内容去完成学习任务。同时，这种教学方法的运用有助于教学情境的创设，能够提高课堂的趣味性，提高学生的参与积极性。

二、任务型教学法在高中英语教学中的重要性

（一）促进学生主动学习，提高学习的主动性

这一教学方法的运用是从学生的兴趣出发的，在课堂运用的过程中很容易带动学生的积极性，使学生主动地参与到学习活动中。同时，因为这种学习方法的目的性很强，学生为了更好地完成学习任务，在学习的过程中就会不断地进行思考和研究，主动去搜集大量的相关信息，从中获取到自己想要的内容。这也有助于学生学习习惯的养成，能够帮助学生找到正确的学习方法。并且，在进行任务设计的时候，任务是有着不同的难度的，这就使不同能力水平的学生都能够完成部分的任务，有助于学生学习自信的提升。随着任务难度的不断升级，学生能够在学习的过程中逐渐发现自己的不足之处，有助于学生不断地进行自我优化与完善。

（二）提高学生的交际能力

在这一教学方法的运用过程中，及时设计的任务往往都是贴近学生生活内容的。学生可以在教师的引导下使用多种语言进行交流活动，以此来更好地完成学习任务。因此，在英语教学的过程中，教师运用这种教学方法有助于学生语言能力及交际能力的提升。

（三）提高学生解决问题的能力

在教学活动中，这种教学方式的运用就是教师将不同的任务交给学生，学生通过自主学习的方式，结合自己已有的知识与经验，通过辅助资料等来完成学习任务。这个过程中，学生的活动是自发的。为了完成任务，学生就能够主动对各种信息进行分析处理，这不仅提高了学生解决问题的能力，对于学生思维能力的提升也起到了关键的作用。

三、任务型教学法在高中英语教学中的应用

（一）设置任务前的准备

在英语学习的过程中，听、说、读、写是学生必须掌握的基本能力，也是学生学习英语的基础能力。在教学的过程中，这四个部分的内容不能够完全脱离。因此，在进行教学的过程中，教师就要做好前期的准备工作。在没有进行教学活动之前，教师应该让学生自主地进行简单的预习活动，这是为了让学生对教材中的文本内容有一个初步的了解，可以了解文内的中心思想或者是相应的背景等。同时，学生还可以利用一些设备对文本事先进行一个检查，保证学生学习过程中的状态。在设置任务前，学生一定要充分掌握教材中的内容。这样，在教师布置任务的时候，学生才能够快速掌握其中的重点内容。

（二）任务进行过程中

在学习英语的过程中，教师对教材内容的讲解及学生自我的学习理解提高了学生的理解能力及口语表达能力。在英语学习的过程中，学生的语言表达能力是一个逐渐提升的过程，并且在提升的过程中不断地趋于完美，有着较强的可塑造性。这就要求教师能够准确地把握教材中的内容，能够找准关键点，创设有效的课堂情境[1]。这样，教师就可以采用一些实践性比较强的任务来进行教学。比如，在教学的过程中，教师通过情境演绎的方式就可以有效提高学生的学习兴趣。同时，在执行这个任务的过程中，教师对学生的学习状态也有一个更加深入的了解。

---

1 冯艳妮.职业教育项目课程中的项目活动设计研究[D].上海：华东师范大学，2010.

(三)完成任务阶段

在完成教师设置的任务之后，还有一个非常关键的环节，那就是对任务的反思与总结。如果在课堂结束的时候，教师忽视了教学总结的环节，就会使得学生对于教师设置任务的意图等内容不能够深入地了解，或者是教学不能够达到教师预期的效果。因此，我们对任务的总结活动是非常重要的。在总结活动中，教师要对教学任务的设置进行分析，找出其中的不足之处，有利于后期的改正工作。同时，教师要对学生任务的完成情况进行总结，对学生的完成情况、掌握程度等都要进行有效的评价，提高学生的自信心。在总结阶段，师生之间可以利用英语进行交流，创造一个英语环境。

综上所述，我们知道，在高中英语教学的过程中，任务型教学法对于提高学生的英语学习能力有着非常重要的作用。它创新了教学的模式，改变了过去单一的教学方式，更加重视学生的主体地位，重视学生自主学习能力的养成。在这种教学方法的运用下，师生之间的交流越来越密切。在解决任务的过程中，学生的综合能力也在不断地提升。因此，教师要善于运用这一教学方式，提高学生的学习能力。

参考文献

[1] 乔红梅.浅谈英语教学中如何凸显学生的主体地位[J].中国校外教育,2016(s2):36,85.

[2] 马玉明,张唯一.以学生为主体的高中英语阅读有效教学研究[J].佳木斯职业学院学报,2016(9):393.

[3] 徐玲.高中英语教学中构建以学生为主体的教学模式初探[J].科教文汇,2010(7):135—136.

[4] 孙媛.多尔的"4R"原则及其在英美文学教学中的运用[J].教育探索,2014(11):44—45.

[5] 李海.基于任务型语言教学的新课标高中英语语法PWP教学模式的构建[J].英语教师,2012(7):23—26.

[6] 陈桂珍.谈谈高中英语的课前预习[J].桂林师范高等专科学校学报,1998(3):50—53.

[7] 李跃红.高中英语课堂提问分析——以一堂高中英语优质课为例[J].宁波教育学院学报,2011(5):131—134.

[8] 舒白梅,黎敏玲.高中英语课堂提问的认知思维导向研究[J].山东外语教学,2008(2):61—66.

[9] 周红莲.情境教学法在高中英语阅读课堂中的实践探讨[J].英语教师,2016(10):114—116.

[10] 徐晓慧.合作学习在高中英语阅读课堂教学中的应用[J].语文学刊,2016(7):142—143.

[11] 吴荣华.新课标理念下高中英语作业的设计与评价[J].教学与管理,2008(34):65—66.

[12] 冯蔚清.新课标理念下的高中英语教学实践研究[M].广州:暨南大学出版社,2016.

[13] 荣建,常珩主编.教育新理念实践与探索[M].武汉:湖北科学技术出版社,2006.

[14] 张芸.高中英语教学探索 走向个性化的人文素养培育[M].上海:上海教育出

版社，2016.

[15] 卢健，杨华娟，编著. 高中英语教学设计与评析 [M]. 厦门：厦门大学出版社，2015.

[16] 梁承锋，臧学运，主编. 走进高中英语教学现场 [M]. 北京：首都师范大学出版社，2011.

[17] 罗明礼. 刍议新课改背景下的高中英语课堂有效教学 [J]. 乐山师范学院学报，2014(8)：120—125.

[18] 田兢. 新课标理念下的高中英语课堂有效教学策略研究 [J]. 天津职业院校联合学报，2014(11)：91—124.

[19] 郑敏艳. 新课改下高中英语课堂教学策略的研究 [J]. 读与写（教育教学刊），2015(2)：140.

[20] 朱国英. 新课改下高中英语课堂有效教学的探讨 [J]. 考试与评价，2016(5)：138—139.

[21] 钟启泉，主编. 教育方法概论 [M]. 上海：华东师范大学出版社，2002.

[22] 叶澜，编. 教育学原理 [M]. 北京：人民教育出版社，2007.